다 음
소 희

〈다음 소희〉
각본집

■

각본·감독
정주리

감독의 말

©김소령

- 각 소제목 페이지에 삽입된 그림은 영화 〈다음 소희〉의
  주요 로케이션 컨셉의 스케치 그림입니다.
- 시나리오 속 주요 공간에 대한 최초 이미지 작업의
  일부입니다.

영화가 공개되고 많은 이들이 2017년 1월 전주에서 있었던 사건을 다시 떠올렸습니다.

　　'콜센터에 현장실습을 나간 여고생이 세 달 만에 자살한 사건.' 나도 거기서부터 출발했습니다. 이 짧은 문장의 단어 하나하나 사이사이마다 아득한 심연이 놓여있는 것만 같았습니다. 그렇게 도무지 이해가 되지 않아 시작한 이야기입니다. 그래서 어쩌면 〈다음 소희〉의 시나리오를 쓰는 일은 그 까마득한 심연을 들여다보고 낱말의 사이사이를 이어가고 끝내는 이 문장을 온전히 이해해가는 과정이기도 했습니다.

　　그리고 동시에 오래전부터 내가 꼭 하고 싶었던 이야기였음을 발견하는 일이기도 했습니다. 그것은 스스로 목숨을 끊는 일에 대한 것이었습니다. 그렇게 〈다음 소희〉는 어떻게 하여 가장 취약한 상태에 놓인 사람이 혼자서 죽어가는 지를 생각하는 영화이기도 합니다.

　　화재 현장에 고립된 소방관 얘기를 들은 적이 있습니다. 화염 속에 갇힌 그는 동료가 와서 구해주지 않으면 스스로 빠져나올 수 없습니다. 불길과 연기 밖에서는 그가 보이지 않습니다. 아무리 소리쳐도 들리지 않습니다. "고립된 사람에게 다른 이가 다가오지 않으면, 그 사람은 죽을 수밖에 없습니다." 나는 스스로 생을 접는 많은 이들의 상황이 이와 비슷한 것 같았습니다. 누군가 다가갈 수 있다면, 어느 순간 어느 곳에서 간절히 보내고 있을 그 구조신호를 지나치지 않는 누군가가 있다면, 어쩌면 달라질 수도 있다는 희망. 오직 그 희망을 생각해보며 이 영화를 만들었습니다.

많은 분들이 현실에 유진이 없었음을, 그리고 지금도 기대할 수 없다며 안타까워하고 답답해하셨습니다. 그러나 아니요. 여기 내가 직접 취재를 하거나 한 사람 한 사람 인터뷰하지 않고도

당시의 사건이 어떻게 된 것인지, 또 이뿐만 아닌 숱한 사고와
죽음들이 어떻게 일어나고 반복되는지를 온전히 파악하게 해준
이들이 있습니다. 이분들이 명백히 유진의 모델입니다. 그간
제대로 인사 한번 드리지 못했습니다. 너무나 미안하고 지극히
고맙습니다. 이제야 지면을 통해 늦은 고마움을 전합니다.

홍수연 양. 수연 양이라고 부르는 것을 용서해주십시오.
사랑하는 이들의 마음에 영원히 어린 나이로 머물 수밖에
없는 가여움을 어찌할 바 모르겠습니다. 딸을 잃고 투사가
되어 곳곳을 찾아다니고 싸워 내신, 그리고 아직까지도 고통의
세월을 견디고 계신 홍순성 선생님. 지금은 그야말로 다음
수연이들을 막기 위한 노력에 온 힘을 쏟고 계십니다. 영화를
만들도록 허락해 주셔서 고맙습니다. 그리고 상상할 수 없는
고통과 또 마주하게 해드려 죄송합니다.

　　　　수연 양 사건에 대해 처음 알게 해준 〈SBS 그것이
알고 싶다 1068회 죽음을 부른 실습-열아홉 연쇄사망
미스터리〉, 이 사건을 최초로 보도한 프레시안 허환주 기자가
꾸준한 후속취재와 수연 양 뿐만 아니라 다른 현장실습생들의
사망사건, 사고를 취재하고 책으로 엮은 〈열여덟, 일터로
나가다〉(2019)를 통해 큰 도움을 받았습니다. 또한 당시
민주노총 전북지부 정책국장이었던 강문식 님이 수연
양의 죽음을 다루며 콜센터의 업무환경, 또 다른 현장실습
노동현장들의 실태와 교육당국의 문제점을 다룬 토론회
자료들을 찾아보며 국장님을 비롯한 활동가들의 분노와 절망을
헤아릴 수 있었습니다. 지금까지도 다양한 창구와 활동을
통해 현장실습과 산업재해에 대해 절박한 마음으로 문제
제기하고 계신 여러분들의 노고에 경의를 표합니다. 그리고
실제 현장실습생 출신인 허태준 작가의 〈교복 위에 작업복을
입었다〉를 통해 당사자의 목소리로 말하는 것과 차마 말하지

못하는 어둠을 감히 짐작해볼 수 있었습니다. 또한 현장실습생 사망 사건의 유가족과 친구들을 만난 이야기를 담은 은유 작가의 〈알지 못하는 아이의 죽음〉을 통해서 떠난 아이들과 남은 이들의 고통과 슬픔을 이해할 수 있었습니다. '알지 못하는 아이'라는 명명은 너무도 아프게, 나 자신도 모르고 지냈던 시간들과 막연하기만 했던 개별 사건들과 나와의 거리감을 신랄하게 되돌아보게 했습니다.

앞서 말씀드린 소방관에 관한 이야기는 오래전 김훈 작가의 에세이집 〈라면을 끓이며〉에서 보았습니다. 따옴표로 인용한 그 문장이 내내 박혔습니다. 그렇게 '고립된다'는 것의 의미를 생각하고 또 생각하다 언젠가는 꼭 이야기로 만들고 싶다 하고 마음속에 눌러놓았더랬습니다. 작가님의 구체적인 경험과 시리도록 정확한 문장들에 늘 감동받습니다. 영화 속 소희와 쭈니가 노래방에서 부르는 노래인 〈어떻게 사랑이 그래요〉를 사용하도록 허락해주신 이승환 님께도 고맙다는 말씀을 드립니다. 촬영을 준비하는 동안, 사무실로 출근하는 지하철 안에서 이 곡을 들으며, 이 노래를 목놓아 부를 두 아이의 모습을 상상하며 무수히 울었습니다.

그리고 나의 친구 고유진 경감. 어린 나이에 경찰대를 졸업하여 지금까지 20년간 현직 경찰로 일하며 성실하고 평범한 직업인으로서 그러나 분명한 공직자로서 스스로의 삶과 주변에 늘 떳떳한 사람. 나의 단편영화 〈11〉과 두 장편영화 모두 고유진이라는 아름다운 친구가 있었기에 감히 시작할 수 있었다고 고백합니다.

2023년 6월
정주리

각본

- 이 책은 정주리 감독의 집필 형식을 존중하여 최대한 원본에 따라 편집하였습니다.
- 이 책에 수록된 각본은 모든 스태프와 배우들에게 전한 최종 버전의 원고이며, 제작 과정에서 달라지거나 제외된 장면이 있습니다. 촬영 전 완성된 각본을 관객들과 공유하고자 하는 감독의 의도에 따라 수록되었습니다.
- 각본의 대사는 글말이 아닌 입말임을 감안하여, 어감을 살리기 위해 한글 맞춤법과 다른 부분이라 해도 그 표현을 살렸습니다.

1   춤 연습실 - 내부/밤

어두운 연습실에서 혼자 춤을 추고 있는 아이가 있다. 텅 빈 공간에는 운동화가 바닥에 끌리며 내는 마찰음과 팔다리가 부딪히며 내는 소리, 거칠게 내쉬는 숨소리만이 가득하다. 보아하니 같은 부분에서 계속 틀리는 모양이다. 성공했을 경우 어떨지 가늠하기가 어렵다. 동작이 틀리고 자세가 무너진다. 훌쩍 앞서부터 다시 도전해 보지만, 실패다. 아이의 모습에 점점 다가가 보면 땀을 비 오듯 흘리는 얼굴과 그 너머에 놓인 핸드폰이 보인다. 귀에 꽂혀있는 이어폰으로 음악이 새어 나온다. 다시 한번 앞서부터 동작을 이어 나간다. 밖으로 흘러나온 음악이 공간을 채우고 움직임에 자신감이 느껴진다. 그러나 영락없이 같은 부분에서 틀리고 만다. 무너지듯 주저앉아 숨을 몰아쉬는 아이. 핸드폰 화면을 돌려보며 아쉬워하는, 열여덟 살 소희다.

2   거리 - 외부/밤

소희가 지하에서 이어진 계단을 나오자 눈발이 날린다. 거리에는 때 이른 캐럴이 울려 퍼지고 있다. 어디선가 첫눈이 온다는 뉴스가 들리더니 오늘 치러진 수능시험 난이도에 대한 리포트가 이어진다. 가전제품 가게 유리창 너머 진열된 대형 TV들에서 수능시험 본 아이들의 인터뷰 장면이 나온다. 소희가 그 앞을 빠르게 지난다. 입시전문가라는 사람이 예상 평균 점수와 정시 합격선에 대한 예측을 내놓는다. 건널목에 멈춰 선 소희의 빰 위로 굵은 눈송이 하나가 떨어지는가 싶더니 이내 녹아내린다. 음식점과 술집으로 가득한 거리에 가게마다 노래방마다 수능 수험생 할인 이벤트 표시가 나붙었다.

길 건너 버스 정류장에서 소희를 발견하고 손을 흔들어 대는 아이가 보인다. '쭈니'라고 불리는 고준희(여, 18세)다. 신호가 바뀌자 쪼르르 달려와서 소희의 팔짱을 낀다.

소희

미쳤어?

눈발까지 날리는 추운 날씨에 딱 봐도 얇은 옷차림의 쭈니의 얼굴이 얼어서 창백하다. 가만 보니 덜덜 떨고 있다. 그래도 표정은 웃으며 생글생글이다.

쭈니

오늘 쌩방해야 되거든.

소희

얼어 죽을!

쭈니

첫눈이래!

소희

아 몰라, 뛰어!

눈발을 가리며 아이들이 빠르게 멀어진다.

3   곱창집 - 내부/밤

핸드폰 액정에 보이는 실시간 방송(아프리카TV) 화면. '쭈니

TV' 쭈니가 화면을 보며 이쪽저쪽을 가리키며 한참 떠든다.

쭈니

오~ 벌써 40명! 그렇지. 곱창은 진리지 역시!
여러분 여기가 전주에서 젤 맛있는 덴데 오늘
나의 친구 쏘이랑

   (소희에게 왔다가는 카메라. 신기해서

   입을 헤 벌리고 있는 소희)

응? 말했잖아 내 친구 완전 댄서! 쏘이.

   (다시 소희, 입을 삐죽)

오늘 이거 끝짱낸다. 마지막으로 곱창 대창
이빠이 먹고 다음 주 시합까지 완전 초강력
식단 간다. 으으으 이거 벌써 소리가 이거.

   (카메라를 곱창에 가까이 가져간다)

들려요? 보여, 나? 여기 침 나온 거?

소희는 카메라를 들었다 놨다 하며 생방송을 진행하는 쭈니
가 마냥 신기하다. 핸드폰 화면 위로 댓글들이 계속 올라오고
있다. '쏘이쭈니ㅋㅋㅋ' 쭈니가 시합 얘기를 하자, '이번 대회에
서 1등하라', '곱창 갔으면 최소 1주일은 굶어야 된다', '시합장소 어
디냐 응원가겠다' 등등의 관련 멘트들이 빠르게 올라온다. 쭈니
는 틈틈이 댓글에 대답도 하면서, 곱창을 구워가며 잘라가며
지글지글한 단면을 보여줘 가며 신나게 방송을 이어간다. 저
먹는 것도 잊어먹고 소희는 그저 뿌듯하게 친구를 보고 있는
데, 저쪽에서 자꾸만 이쪽을 쳐다보는 시선이 느껴진다.

남자1

개나 소나 비제이래.

소희가 멈칫한다. 건너편 테이블의 남자들이 쭈니를 대놓고
보고 있다.

남자1

지금은 고프로 대충 몇 대 돌리고, 휴대폰에
렌즈 2개 달린 거 막 돌리고, 어플이 다
해주니까. 쟤네가 색온도가 뭔진 알겠냐.
그냥 존나 먹어. 그럼 조회수 찍고, 돈 나오고,
쫌만 인기 타면 골빈 새끼들이 별풍선 쏘고..
그담부턴 완전 돈방석이야. 욕할 거 없어.
적응 잘한 거지. 병신들은 술이나 빨자.

남자가 앞의 남자와 잔을 부딪치곤 소주를 홀짝인다.

소희

아저씨가 별풍선 한 개라도 쏴줘 봤어?

남자1

(잠깐 당황하더니)

네? 나?

소희

남이사 뭘 해서 먹고살든. 보태줬냐고.

남자1

뭐? 이 좆만 한 게.

소희가 일어나더니 그대로 남자 앞으로 걸어간다.

18

소희

아저씨 좋은 나만 해? 까볼래?

남자

이게..

소희

이걸 콱!

소희가 때릴 듯 한 손을 치켜들자 움찔하며 반사적으로 얼굴을 피하는 남자. 잠시 후 창피한지 벌떡 일어나 자기도 때릴 듯 손을 치켜든다. 소희가 그 밑으로 얼굴을 들이민다.

소희

쳐. 쳐. 나는 맞고만 있을라니까. 쳐!

남자

뭐야, 이 미친년.

쭈니

(입 모양 '죽었어')
일단 껐다가 이따가 다시 연결하든가 할게요.
미안!

쭈니가 돌아보니 턱밑에서 계속 얼굴을 들이밀며 남자를 몰아가는 소희의 모습이 보인다.

소희

때리라고. 맞자고!

4   교실 - 내부/낮

교복 위에 앞치마를 입고 손바닥만 한 강아지 옷을 시침하고 있는 소희가 보인다. 골똘한 표정으로 한 땀 한 땀 바느질을 하는데 영 신통치가 않다. 교실 칠판에는 오래된 판서로 보이는 개의 종류와 연령대별 몸집, 특징 이런 그림과 내용들이 빼곡하다. 몇몇이 소희처럼 옷을 만들고 몇은 엎드려 자고 있다. 딱 봐도 학생수가 이게 단가 싶다. 교실 앞문이 드르륵 열리더니,

담임

김소희! 애완동물관리과 김소희!

담임이 소희를 부른다. 자던 애들이 부스스 깬다. 다들 '오~~!' 한다. 소희가 눈을 반짝이며 손을 번쩍 든다.

5   취업상담실 - 내부/낮

담임이 각종 서류들을 내민다.

담임

내가 여기 뚫을라고 얼매나 고생한지 아냐. 완전 대기업. 드디어 우리도 대기업 보낸다 이거야. 우리 소희. 기다리고 고생한 보람이 있다.

소희

휴먼앤넷이라는데? 처음 듣는 덴데?

담임

여기가 한국통신에스플러스 고객센터라니까.

소희

하청 아니고?

담임

하청이라고 다 같은 하청이 아니야. 이름만
다른 직영회사 이런 거지. 운영은 본사에서
직접 다 하는 거나 다름없다니까.

담임이 '서약서'를 내민다. 아래쪽에 서명란을 가리킨다.

담임

여기다 사인하고. 집에 가서 아버지 사인도
받아놓고.

한 장짜리 '현장실습 서약서' 말미에 '...실습 중 본인의 과실로
인한 안전사고에 대하여서도 학교 측에 책임을 전가하지 않겠음을 보
호자 연서로 서명합니다.' 밑에 본인 그리고 보호자 서명란이 있
다. 소희가 자기 이름을 또박또박 적는다.

6   ○○비료 공장 앞 - 외부/해 질 녘

소희가 트랙터 바퀴 자국이 난 흙바닥을 구두 신은 발로 파고
있다. 화장을 하고 투피스 치마 정장 차림에 파카를 입었다.
타이트한 치마 호주머니에 손까지 찔러 넣고 있으니 더 꼭 낀
다. 멀찍이서 건장한 체격의 청년이 다가온다. 꾸깃한 작업복

을 입었어도 훤칠한 키에 준수한 외모가 남다른, 태준(남, 19세)이다. 소희가 돌아보자 배꼽을 잡고 웃는다. 일부러 더 그러는 모습이 역력하다. 소희가 갑자기 춤을 춘다. 연습실에서 보았던 그 춤이다. 치마 때문에 다리가 안 벌어져도 상관없다는 듯 거침없다. 가까이 온 태준도 비슷한 동작으로 춤을 추며 다가온다. 곧장 몰두하더니 기다란 팔다리로 현란한 스텝과 동작을 선보인다. 소희가 틀렸던 부분을 태준은 부드럽게 넘어간다. 소희는 여지없이 틀리고 시무룩해 있다.

                    태준

오호호 녹슬지 않았어. 이 몸은 기억하고 있어.
놀라워.

                    소희

        (치맛단을 잡아 흔들며)

아 됐었는데... 나도 이거만 아니면 된다고오!

7   ○○공장 주차장 - 내/외부/해 질 녘

공장 담벼락 한편에 주차되어 있는 트랙터 안. 소희와 태준이 햄버거를 전투적으로 먹고 있다. 태준이 콜라를 둘러 마시고는 얼음까지 깨 먹는다. 소희는 추리닝 바지 차림이다. 가방에 대충 구겨 넣은 치마가 보인다.

                    태준

이제 좀 살겠다.

소희

월급 타면 갚으래 아빠가, 씨. 취업 교육이라고
갔더니 화장시키고 앉았다.
　　(흉내 내며)
입술이 너무 빨개도 안 돼, 살짝 홍조를 띠게요.
요새는 이게 대세죠. 코랄핑크.

태준

　　(갸우뚱. 입술을 보며)
코랄핑크 어디 갔지? 여긴 한우 불고기
딥소스밖에 없는데?

소희가 턱을 치켜들고는 강사의 흉내를 내듯 감자튀김으로
립스틱 바르는 모양을 해 보인다.

소희

그러면서 민정이한테는 쌍꺼풀 수술하고
정애한테는 그만 먹으래. 씨. 살 빼라도 아니고
그만 먹으라니. 완전 빡쳤잖아.

태준

면접선 뭐래?

소희

면접 볼라고 이러고 나왔는데 내일 그냥
출근하래. 웃기지. 이제 연습실도 못 가.
실비 밀린 거 월급 타면 준댔더니 괜찮대.

너까지 그만두면 사장 누나 이제 진짜
어르신들밖에 안 남은 거 아니냐?

소희

그러게. 내가 가끔 가줘야지.

태준

가면 뭐 하냐 늘지를 않는데.

소희

(삐죽)

그래도 이제 난 사무직 여직원이다?
캬캬캬.

소희가 키보드 두드리는 시늉을 해 보이며 웃는다. 태준이 보
며 흐뭇하다. 그러다 금세 걱정이 스친다. 이내 털어버리듯 소
희 이마 위 머리칼을 손바닥으로 흩트리며,

태준

조~옳겠다!

8   콜센터 주차장 - 외부/낮

소희가 5층짜리 콘크리트 건물 앞의 커다란 옥외주차장을 가
로질러 가고 있다. 양팔을 휘저으며 활보하는 걸음걸이가 씩
씩하다.

9   콜센터 복도 - 내부/낮

소희와 비슷한 나이의 두 여학생이 남자 직원 뒤를 따라 복도
를 지난다. 상당히 큰 사무실들과 그 안에서 일하고 있는 사람
들이 보인다. 계단을 한층 올라가더니 다시 복도의 끝에 가서
멈춘다. 'SAVE 3팀'이라는 푯말이 보인다.

10   사무실 - 내부/낮

남자 직원이 문을 열자 여러 명이서 전화 통화하는 소리가 한
꺼번에 쏟아진다. 헤드셋을 낀 상담사들이 다닥다닥 붙은 칸
막이 책상들 안에서 끊임없이 떠들고 있다. 안내에 따라 소희
일행이 안으로 들어간다. 엄청난 소음에 잠시 혼미해지는가
싶더니 이번에는 벽에 붙어 있는 대형 현수막이 눈에 확 들어
온다. "경청과 배려가 살아 숨 쉬는 즐거운 직장으로 고객관점상담",
"1등 DNA로 무장한 강한 홈 CVC" 안내 직원이 가장 안쪽 책상
에 있는 남자에게 가서 소희 일행을 가리킨다. 'SAVE 3팀 팀
장 이준호'라는 명패가 걸린 파티션 안쪽에서 팀장이 반색하
며 일어난다.

                              팀장
          오! 우리 실습생들. 어서 와요.
                (손짓한다)
          이리 와요.

직원은 사무실을 나가고 세 사람이 엉거주춤 팀장에게로 간
다. 그 사이 팀장은 인터폰으로

팀장

지원 씨, 경원 씨, 혜영 씨, 이번 콜 받고 잠깐만
옵시다.

(세 사람에게)

우리는 업무 특성상 다 같이 일을 멈출 수가
없어서.. 경황이 없지만 조금만 이해해 주시고.
여기가 명경 씨, 은화 씨, 소희 씨? 다 같은
학곤가?

소희

아니요, 저만 완주생명과학고구요.

명경

저희는 전북상고요.

팀장

과학..고?

소희

...전에 완주농고요.

팀장

아 맞나. 그치? 우리 팀은 작년부터
현장실습생들도 일하기 시작했어요.
다들 일 잘해. 잘 부탁해요.

지원이 먼저 도착한다.

                    팀장

        소희는 지원 씨가 맡고.
                (소희에게)
        여기 따라가요. 뭐니 뭐니 해도 직접 보고 바로
        배우는 게 제일이야.
                (지원에게)
        부탁해. 내가 좀 있다 갈게.

어정쩡하게 아직 서 있는 명경과 은화를 두고 소희가 지원에
게 꾸벅 절을 하고 따라나선다.

11   사무실. 지원의 자리 - 내부/낮

파티션 안쪽으로 각종 포스트잇과 프린트물들이 빼곡히 붙어
있는 지원의 책상. 의자 하나 들어가서 꽉 찬 좁은 공간에 소
희가 간이 의자를 가져와 간신히 끼어 앉는다.

                    지원
        그냥 봐. 하는 거 보는 거 말곤 없어.

                    소희
                (의자를 더 끌어당기며)
        저도 여러 번 전화도 걸고 상담도 하고
        해봤으니까요. 금방 배우겠습니다, 선배님!

지원이 서랍에서 헤드셋을 하나 꺼내 연결시켜준다. 자판을
누르자 모니터가 켜지고 가운데 '재개' 버튼을 누르자 화면
가득 '인콜' 사인이 뜬다. 화면 왼쪽 상단에는 지금까지의 누

적콜수가 표시되고 오른쪽 위엔 대기시간 타이머가 작동하기
시작한다. 소희는 갑자기 펼쳐진 모니터 속 풍경에 눈이 왔다
갔다 정신이 하나도 없다.

지원

사랑합니다 고객님 상담원 이지원입니다.
무엇을 도와드릴까요?

지원이 콜을 받자 대기시간 타이머가 멈추더니 그 옆의 통화
시간 타이머가 작동하기 시작한다. 고객이 지원의 말이 끝나
기도 전에,

고객

너무하네. 지금 다섯 번 만에 연결됐거든요,
언제 돼요?

지원

이 시간대 전화가 너무나 밀려서요 고객님.
불편을 끼쳐드려서 정말 죄송합니다. 어떤
사유로 전화 주셨는지 먼저 여쭤봐도 될까요?

고객

해지해달라고요.

지원

아 네 고객님 너무나 아쉽습니다. 요청하신
부분 지금부터 도와드리도록 할 텐데요, 정보
확인을 위해서 고객님 성함이랑 주민번호
앞자리 여섯 자리 부탁드..

고객

(빠르게)

오주연. 820722. 빨리요.

지원

확인 감사합니다 고객님. 신청 도와드리면서 우선 어떤 점 때문에 해지 원하시는지 여쭤봐도 될까요?

고객

휴... 아까 다 얘기했고요. 제발 빨리 처리해 주면 안 돼요? 개인 사정이니까 말하긴 싫고요.

지원

네 고객님, 그런데 제가 조회해 보니까요. 약정기간이 6개월가량 남으셨는데요, 저희가 다른 통신사들과는 다르게 우수 고객님들 재약정해 주시면 가장 액수가 큰 현금 상품권 즉시 지급해 드리는 이벤트 진행하고 있거든요. 1년 재약정 시 10만 원, 2년은 25만 원, 3년은 45만 원 즉시 고객님 계좌로 지급되는 이벤트거든요.

고객

...45만 원이요?

지원

네~ 그리고요 고객님, 현재 고객님 사용하시는 요금제가 너무나 가격이 좋은 거라서요. 신규로

가입하는 고객님들은 아예 신청을 하실 수가
없는 요금제거든요. 거기다 말씀드린 재약정
이벤트 적용하시면 3년 뒤엔 최대 65만 원까지
혜택 받아보시는 거라서요. 너무나 좋은
내용이라서요.

고객

...

지원

지금 해지하시면 위약금으로 우선 8만 원
나오시고요, 미납요금 3만 8천 원, 잔여
장비 대여비 만 8천 원, 면제되셨던 가입비
재청구되셔서 3만 원까지 13만 6천 원 즉시
납부해 주셔야 합니다.

고객

아 씨 그냥 해지해 주세요.

지원

고객님 아직 약정기간이 있으니까요...

지원은 빠르게 마우스와 키보드를 조작해 가며 고객의 가입정
보와 남은 약정기간, 요금납부 상황 등을 조회한다. 소희는 정
신이 하나도 없다. 누가 어깨를 톡톡 쳐서 돌아보니 팀장이다.
팀장이 뭐라고 하려다 귀에 손짓을 한다. 소희가 '아!' 하며 헤
드셋을 벗는다.

팀장

자기가 걸 때랑은 완전히 다르지?

소희가 격하게 고개를 끄덕거린다.

팀장

우리 일은 처음부터 끝까지 마인드컨트롤이야.
우선 듣고, 대답해 드리고, 최대한 지연하고
고객들 마음 돌리고. 노하우랄 게 따로 없어.
자잘한 기술들이야 차차 이제 배우고요,
  (스프링 노트를 건네며)
며칠 이렇게 옆에서 보면서 일 돌아가는 거
익히고, 여기 멘트들 외우고 그럼 돼요.

소희가 팀장이 준 두툼한 노트를 슬쩍 들춰본다. 온갖 대응
매뉴얼들과 고객별 대처법, 기본 안내 상품들, 업셀링 상품들
목록과 약정 기간별 요금과 마진율 등이 적혀있다.

팀장

  (귀에 손짓)
다시 쓰고, 파이팅!

팀장을 따라 주먹을 쥐어 보인 소희가 다시 헤드셋을 쓴다. 쓰
자마자,

고객

아 씨발 아까 그 사람한테 다 말했다고오!
몇 번을 쳐 돌리는 거야! 어?

고객이 빽 소리를 지르는 바람에 깜짝 놀란 소희가 지원을 보는데,

지원

네 고객님 저희 쪽으로 다시 또 입력해야 할 게
있어서요, 기본적인 절차...

고객

전남 여수시 돌산읍 오도리 97-11...

지원은 그저 눈을 한번 천천히 감았다 떴을 뿐이다. 기계처럼
반복되는 대화가 이어진다. 소희가 모니터 속 타이머의 백분
위 초침이 미친 듯이 바뀌는 걸 보며 침을 꼴깍 삼킨다.

12   사무실 - 내부/낮

주로 현수막이 보였던 사무실의 반대쪽 벽에는 커다란 보드
에 센터별 현황이 기록되어 있다. 한국통신S플러스의 전국 5
개 콜센터. 전주센터의 순위가 4위로 표시되어 있다. 보드
앞에 팀장이 서 있는데 갑자기 화면이 뜨더니 센터장이라는
남자(51세)가 나타난다. 화상회의가 이뤄진다. 화면 하단에 콜
센터 내 다른 팀들의 모습도 보인다. 지원의 뒤에 선 소희는
가슴에 명찰을 달고 있다. '도대체 카메라가 어디 있는 거지'
하며 두리번거린다. 지원이 저쪽이라며 천장을 가리킨다. 빔
프로젝터 옆에 사무실 쪽을 향한 카메라가 보인다. 빨간불이
'반짝'한다.

                              센터장

4위예요, 4위! 지난주 4위였던 부산2센터가
1위! 뭐죠? 우린 낙차도 더 심해, 특히 2층 3팀.
이러면 본사에서 조치 내려와요, 나도 막는 데
한계가 있다고. 이게 뭐야 다른 팀들 평균 다
깎아 여기가.

화면 속 센터장이 고개를 절레절레 흔든다. 팀장은 고개를 푹
처박는다.

                              센터장

그래도 잘한 팀은 또 잘한 거니까. 이 와중에
전 센터 1등을 우리 4층 5팀이 먹었다 이 말씀!
그러니 2층 3팀이 얼마나 깎아 먹었는지
또 알겠지요?

팀장이 앞에서 죄인처럼 어쩔 줄 몰라 한다. 화면이 탁 꺼지
고.

                              팀장

오늘 끝나고 전원 교육 들어갑니다. 갑자기
3명이나 그만두고 그랬어...도 심했어. 맞아. 좀
더 분발합시다. 각자 목표치 잘 확인하고 오늘
하루만이라도 어? 좀 바짝 땡겨보자! 아자!

팀장을 따라서 아자! 하는 팀원들. 그러나 다들 목소리에 전혀
힘이 없다.

소희가 엉거주춤 제 짐을 싸 들고 지원의 자리에서 나와 사무
실 내 다른 자리로 옮긴다. 팀장이 비어있는 한 책상으로 안
내하며 의자를 빼주고 서랍들을 열어본다. 소희가 자리에 앉
는다. 팀장이 새 헤드셋을 준다.

팀장

자, 선물. 우리 일은 또 이게 총 같은 거니까.
노트 펴봐.

(가리키며)

이 순서대로...

작업복 차림의 남자 직원이 달려오더니 팀장한테 꾸벅 인사
를 한다.

기술팀직원

4층 5층 한꺼번에 겁나 나가가지고. 작업이
밀려가지고.

팀장

(끄덕끄덕)

언능 해 언능.

직원이 다짜고짜 밀고 들어오니 소희가 자리에서 일어난다.
순간적으로,

소희

뭐야 이 씨!

잠깐 잠깐. 내가 말을 안 했네. 소희 씨 이게
전 직원이 쓰던 기록을 지워야 해서. 잠깐이면
되니까.

직원은 별 동요 없이 빠르게 마우스 질을 하고 팀장은 노트의
다른 페이지를 펴가며 설명을 이어간다. 소희는 입이 댓 발 나
온 채 서서 팀장의 얘기를 듣고 있다.

팀장

반응 봐가면서 매뉴얼대로 재약정이랑 기타
상품 안내를 한 번씩 시도는 해봐. 그게 또
가산점이 높으니까. 몇 번 하다 보면 요령도
생기고.

직원이 일을 마치자 모니터에 로그인 화면이 떠 있다. 소희를
흘깃 보고는,

직원

갑니다.

직원이 빠르게 사무실을 빠져나가고 소희가 자리에 앉는다.
팀장이 직원 번호를 입력하고 로그인하자 익숙한 모니터 속
세팅이 보인다. 팀장이 오른쪽 아래에 열린 창을 마우스로 가
리키며

팀장

이게 다이렉트 메신저야. 급하게 뭔 일이
생겼다. 자리를 비워야 된다. 이럴 땐 나한테

메시지를 남기면 돼. 차근차근해 보자. 어때?
괜찮겠어?

소희

(심호흡을 하고)

네, 한번 열심히 해보겠습니다!

팀장이 업무개시 버튼을 누르자, 인콜 사인이 들어오고 카운트가 시작된다. 소희가 클릭하고,

소희

사랑합니다 고객님 무엇을 도와드릴까요.
(팀장을 홀깃 본다)
아 고객님 저는 상담원 김소희입니다.
무엇을 도와드릴까요?

고객

왜 아직 인터넷이 돼요?

소희

네? 고객님?

고객

그제부로 끊어달라고 했는데 왜 아직 되냐고.

소희가 팀장을 본다. 팀장이 매뉴얼을 가리킨다. 소희가 보고
끄덕거리며,

소희

아 고객님 먼저 이름이랑 주민번호 말씀해
주시겠습니까? 바로 조회해 드리겠습니다.

고객

조상욱. 720909.

팀장이 옆에서 조회를 한다. 모니터에 해지지연중이라고 뜬
다. 소희가 매뉴얼을 다시 보며

소희

기다려 주셔서 감사합니다 고객님 현재 기기가
작동 중인 걸로 나오네요. 저희 기사님이 아직
방문하지 못하신 걸로 나옵니다.

고객

씨 그게 기사가 와야 끊어? 거기서 바로 끊을
수 있잖아요.

소희

(팀장이 손가락으로 가리키는 곳을
따라 거의 읽듯이)
저희 절차상 장비가 이상 없이 수급되어야
다음 작업이 진행된..되는 거라서요.

고객

니미 씨.. 그럼 언제 오는데?

소희

제가... 해당 부서로 통보하겠습니다. 기사님이
방문 전에 고객님께 전화드린.. 드리구요.

고객

미치겠네 진짜. 그럼 내일 오나?

소희

최대한 빠른 시일 안에 연락드리고 방문하도록
하겠습니다.

팀장이 재약정 항목을 가리킨다. 소희가 멈칫하더니,

소희

고객님... 지금 해지 연장이나 재약정을
하시면 저희 센터만의 특별 조건으로
현금 상품권 70만 원에,

팀장이 빠르게 계산기를 두드려 숫자를 보여준다.

소희

아니, 고객님 조건이면 현금 상품권 최대 40만
원까지 가져가실 수 있는 이벤트가 있습니다.

고객

...

소희

약정을 3년 연장해 주시면 즉시 40만 원을..

                         고객

    야! 야! 내가 그런 거 저번에 다 듣고 안 한다고
    하고 그저께로 날짜 잡았잖아! 어? 뭐 하자는
    거야!

소희가 놀라서 목소리가 떨리기 시작한다. 그래도 계속 매뉴
얼을 보고 읽는다.

                         소희

       (목소리가 기어들어 간다)
    고객님 해지 연장을 하시면... 요금제 변경도
    가능하시...

                         고객

    이런 씨발년이, 야!

소희가 아무 말도 못 하고 얼어버린다. 팀장이 전화를 바꾼다.

                         팀장

    죄송합니다. 고객님, 저희 직원이 제대로
    안내를 해드리지 못한 점, 사과드립니다. 저는
    팀장 이준홉니다. 고객님 요청하신 기사 방문 건
    정상 접수되었고요, 추가로 더 필요하신 사항은
    없으신가요?

                         고객

    ...확실히 된 거요?

팀장

네 고객님 내일 저희 기사님 전화 드리고
방문하시도록 접수되...

고객이 전화를 끊는다. 모니터의 해지대기란에 1이 올라간다.
화면 가득 다음 콜이 들어온다. 응대대기시간 카운트가 무섭
게 이어진다. 팀장이 소희의 어깨를 토닥이며

팀장

첫방에 실전을 아주 제대로 치렀네. 오늘은
첫날이니까 여기 이 할당 콜 수의 절반만
채우자 하고 해. 메신저 늘 켜놓고. 괜찮아
괜찮아.

소희
(거의 안 들린다)

네.

팀장이 일어나 간다. 가는 그의 뒷모습을 따라 사무실 사람들
이 보인다. 모두들 각자의 상자 안에서 화면을 들여다보며 동
요 없이 입만 바쁘다. 소희가 같이 들어왔던 명경과 은화를 본
다. 각자의 견습 직원 뒤에서 헤드셋을 쓴 채 모니터와 노트를
보고 있다. 인상을 잔뜩 찌푸리고. 곧 울 것 같은 얼굴로.

14   **콜센터 주차장 - 외부/낮**

소희가 출입문을 나와 주차장으로 나오는데 빨간색 스파크 옆
에서 담임이 손을 흔들며 반긴다. 소희의 걸음걸이를 따라 팔

40

을 휘저어 보인다. 전처럼 장난을 치는데 소희는 무시하는 얼굴이다. 담임은 대규모 옥외주차장과 그 뒤의 건물을 가리키며,

담임

이야 좋다잉. 다르다잉.

소희

가지고 왔어요?

담임

어. 점심시간 아녀? 같이 밥 먹을라고...

소희

빨리 들어가야 돼요. 나는 2시부터예요.

담임이 운전석으로 타고 소희가 조수석에 탄다. 담임이 가방 속에서 서류 파일을 꺼내준다. '현장실습표준협약서'라고 쓰여 있다.

소희

여기서 뭔 계약서 썼는데?

담임

어. 근로계약서는 여기서 따로 쓸 거야.
거기다는 너만 찍으면 되고.
(서명란들을 가리키며)
거기 다 사인하면 돼. 해서 한 부는 나 주고.

소희가 이름들을 쓰면서,

소희

일이 존나 구려요. 존나 욕먹고 존나 자존심
상해.

담임

(다음 장을 가리키며)

사회생활이 다 그렇지. 나는 뭐 안 그런 줄
아냐. 오늘도 교감한테 직싸게 들었다. 이
새끼들, 공장 나갔던 것들이 다 쳐 돌아와.
몇 달만 더 버티라니까.

(한숨)

우리 반이 바닥 찍을 거 같애.

(갑자기 정색하고)

니는 괜찮지? 사고 안 쳤지?

소희가 서류를 주자 담임이 자기 이름란에 사인을 해서 한 부
를 소희에게 다시 준다. 그리고 자기 무릎 위에 있던 서류에
체크를 한다. '순회지도 결과보고서'라고 되어있다. '현장실습
만족도, 업무 파악 정도, 건강 상태, 근로 시간과 임금, 복지와
후생, 취업을 통한 성장 가능성' 항목 중 건강 상태와 만족도
적응도에 '상'이라고 적는다.

담임

병수 자식 사료 공장 3일 만에 나왔어. 우리
학교 신기록이야. 최단기간 복교.

(두 손을 모으고)

소희야,

42

(고개를 끄덕이며)

버텨야된다잉.

소희가 입을 삐죽이더니 차에서 나간다.

소희

가요.

담임

내복 사지 마! 겁나 많아. 뭐 살라믄 나한테
물어봐 줘~ 제발!

소희

뭐래. 혼자.

속없이 웃고 있는 담임이 이내 차를 출발시키고, 소희는 잰걸
음으로 다시 회사로 들어간다.

15   사무실 - 내부/저녁

'18:19' 깜빡이는 전자시계 아래 대형 보드에 '11월 실적 순
위표'가 붙어있다. 상담사 이름들이 일렬로 적혀있다. 소희가
거기 적힌 '22위 김소희'를 보고 있다. '28위 김은화'부터는
빨간색으로 표시되어 있다. 이름들 옆으로는 각자의 인센티브
지급액이 적혀있다. '1위 박선영 1,307,900'. 일부 직원들 옆
에는 줄표만 있다. 소희도 줄표만 되어 있다.
소희가 손에 쥔 서류를 한참 보더니 팀장에게로 간다.

소희

여기엔 160만 원이라고 나와 있는데요.

소희가 팀장에게 표준협약서와 급여명세서를 내민다. 소희의
손가락이 급여명세서 말단의 '860,452원'을 가리키고 있다.

팀장

근로계약서에 있잖아. 변동 있을 수 있다고.
회사 사정 있을 때.

팀장이 서랍을 뒤지더니 서류철에서 소희의 근로계약서를 찾
아 보여준다.

팀장

너는 실습생인데다가 아직 수습이니까.

소희

인센티브는요? 저도 방어도 몇 개하고 상품도
좀 팔았는데요.

팀장

야 그것도 기본 수치에 많이 떨어지잖아. 수습
기간이라도 목표치를 할당할 수는 있는데, 너는
기본치에도 못 미쳐. 그래 갖곤 수습도 못 떼.

16   화장품 가게 - 내부/밤

소희와 쭈니가 진열대 위 샘플 립스틱을 바르고 있다. 서로

처다보며 웃는다. 손등에 여러 가지 색깔 립스틱이 묻어있고, 이것저것 다 발라봤는지 아이섀도며 볼터치며 한껏 했다. 소희가 쭈니가 들고 있는 매장 쇼핑 바구니에 립스틱을 넣는다.

소희

이것도 사자. 니가 잘 어울리네. 그놈의
코랄핑크.

소희가 카운터로 가서 카드를 낸다. 쭈니는 뒤에서 셀카봉으로 영상을 찍고 있다.

쭈니

괜찮나요? 요즘 대세 코랄핑크? 여기가 진짜
이렇게
    (화장품 색상별로 묻힌 손 보여주며)
샘플 다 발라볼 수 있고, 눈치 하나도 안 주고,
매장 언니 친절하고, 할인도 겁나 잘 해줘요.
이벤트도 엄청 많아. 저 올 때마다 무슨 세일을
그렇게 하더라고요?! 어떡해 여기 망하는 거
아니야? 망하면 안 되는데 흐흐흐..

17   소주방 - 내부/밤

쭈니가 쏘맥을 말고 있다. 정확하고 깔끔한 솜씨에 절도가 느껴진다. 테이블 몇 개 없는 좁은 소주방에 소희와 쭈니, 은아 (여, 18세)가 앉아있다. 쭈니가 조제를 끝내자 세 사람이 일제히 잔을 들어 꿀꺽꿀꺽 마신다. 거의 동시에 잔을 내려놓고 고개를 떨며 '캬'하는 아이들.

오~ 강동호!

동호

한 달에 딱 한 번 쉬는 그날이 오늘이다.
       (소희에게)
할 만해?

동호(남, 18세)가 앞의 쏘맥 쇼를 이미 봤는지 고개를 절레절
레 흔들며 다가와 소희 옆으로 앉는다. 쭈니가 동호의 쏘맥을
만든다. 소희는 제 잔에다 소주를 따르더니 탁 털어 넣는다.
동호가 빈 잔에 소주를 따라주고 쭈니가 준 쏘맥을 마신다.

소희

완전 병신 같애. 여기 싹 다 실습생들이래. 원랜
훨씬 나이 많은 사람들이 했는데 작년부턴 다
실습생이래.

은아

그거 누가 그만둬도 바꿔 넣기 편해서 그런
거야. 존나 그만둘걸? 부영고에 나 아는 애도
3준가 하다 관뒀다 그랬어.

소희

담임이 나 그만두면 죽인대. 처음으로 대기업
보냈는데 여기서 짤리면 다 죽는대. 미친놈.
누가 짤린댔냐, 그만둔댔지.

소희가 연거푸 소주를 마신다. 동호가 또 따라준다.

전아

씨발 맨날 그 소리. 글고 뭐가 대기업이냐,
하청에 하청에 하청이.

소희의 얼굴이 잔뜩 일그러진다. 갑자기 테이블로 커다란 파
전이 놓인다. 다들 벙쪄서 점원을 쳐다본다. 저쪽에서 한 여자
가 웃으며 오고 있다.

여자

쭈니 씨, 잘 보고 있어요. 너무 예뻐요.

쭈니

(카메라를 보고)
여러분~ 쭈니TV 시청자님을 만났어요. 이것
보세요. 이따만한 해물파전을 주시고. 음~~

쭈니가 제 옆에 놓여있던 카메라를 들고 멘트를 하더니 시청
자와 투 숏을 잡는다. 여자는 한사코 얼굴을 가린다.

쭈니

이 언니 엄~청 이뻐요~ 딱 내 스타일이야.

여자

응원할게요, 이번 시합에서 꼭 1등 해요.
파이팅!

여자가 기다리고 있는 일행과 함께 술집을 나간다. 이 와중에
앉아서 술만 먹던 소희가

소희

이 새끼, 아까 껐다고 안 했어?

쮸니

(카메라를 보며 파전을 먹다가)

이거 생방 아니야. 브이로그야. 새벽에 편집해서
올리는 거야.

금세 시무룩해진 쮸니. 썰렁해진 분위기. 은아가 파전을 뜯어
먹더니

은아

맛만 있네. 먹어. 술만 먹지 말고.

소희

끄라고오.

쮸니가 핸드폰이랑 카메라랑 모두 끈다.

18 **사무실. 지원의 자리 – 내부/낮**

지원이 상담 중에 울음을 터뜨린다. 다들 놀라서 보니 덜덜 떨
고 있다. 지나가던 팀장이 헤드셋이 없어 스피커폰으로 틀자
고객이 소리를 지르고 있다.

고객

지금 갈라니까! 10분 내로 갈라니까. 이
씨발 것들이 보자 보자 하니까. 잔말 말고

48

끊어달라는데. 아우 씨. 징그러이 씨. 거기
있어라 어? 대답 안 해? 어? 어?

팀장

고객님 전화 바꿨습니다. 많이 언짢으시죠?
팀장 이준홉니다. 제가 자리로 가서 고객님,
다시 받겠습니다. 잠깐만 기다려 주십쇼.

팀장이 자기 자리로 달려가는 동안에도 스피커폰 속 고객의
포효는 계속된다. 팀장이 헤드셋을 연결하자 조용해진다. 모
두들 지원을 보는데, 얼굴이 허옇게 질려있다. 안쪽에선 팀장
이 계속 고객을 상대한다. 허리까지 굽신거려 가며 연신 '네
고객님 죄송합니다. 제가 잘 지도하겠습니다.' 이 말만 반복하
는 듯하다. 소희가 지원에게 가본다.

소희

언니, 괜찮아?

지원

나는 세 번밖에 안 걸었어. 내가 그런 거 아니야.

소희가 뭐라고 해야 좋을지는 모르겠고, 떨고 있는 지원의 등
만 계속 쓸어내린다. 화면에는 이 고객의 통화 시간 타이머가
여전히 작동되고 있다. 57:29:44 계속 올라가고 있다. 적정
응대 시간 5분을 초과하면 작동하는 빨간 경고등도 계속 번쩍
인다. 소희가 숫자에 놀라서 지원을 다시 보는데 안쪽에서,

팀장

그래 와라. 와! 완전 또라이 새끼네. 빨리

와라. 서노송동 865-59. 2층. 지금 오라고 이
새끼야!

팀장이 헤드셋을 집어던지자 타이머가 멈춘다.

19　**사무실 - 내부/낮**

출근 전 조간 회의가 막 끝나고 각자의 자리로 하나둘 가고
있는데, 사무실 문이 벌컥 열리더니 중년 남자가 들어온다.

센터장

이지원이 누구야?

자리로 가던 팀장이 놀라서 센터장 앞으로 와 선다. 지원은 겁
에 질려 어쩔 줄 몰라 하고 있다.

센터장

너야? 니가 뭔데 고객을 협박을 해! 어?

팀장

센터장님, 잠깐 이리로. 제가 다 말씀드리겠...

센터장

(아랑곳 않고 지원에게 가더니)

이게 어디서!

팀장

센터장님, 그게 아니고 그 고객이 하도 말을

끈 것도 있구요, 막무가내로 온다 칼 들고
쳐들어온다 너무 심하게 했어요. 협박은 그
새끼.. 그 고객이 했어요. 그렇잖아도 제가..

센터장

야 이준호! 이준호! 정신 안 차려? 너 지금 뭐
하는 거야? 그 새끼가 본사에 전화해가지고
조목조목 어? 스물여덟 번을 돌렸대매? 능력이
없으면 그냥 잘하는 애한테 넘겨서 처리할
것이지 뭐 났다고 모지리가 처 돌리게 두냐고.
씨. 그 새끼가 방통위에 제소한단다 이 새꺄!
당장 수습해. 스물여덟 번 받아주니까 거기도
모지란 줄 알았냐? 으이구 이 밥통들.. 녹음까지
다 해놨단다. 너도 죽었어 이 새꺄! 대군가
뭐시긴가 지금 가서 빌어. 이거 못 막으면 다
좆된다 어?

20   **○○비료 공장 - 외부/해 질 녘**

소희가 공장 출입문 멀찍이 서 있다. 트랙터 자국이 어지러운
흙길은 이제 꽁꽁 얼어서 울퉁불퉁하다. 구둣발로 아무리 파
헤쳐 봐도 꿈쩍하지 않는다. 소희가 핸드폰으로 계속 메시지
를 확인한다. 그러면서 출입문 쪽에 누가 나오진 않는지 흘긋
거린다. '니가 먼저 끝나면 이리 올래? 난 언제 끝날지 몰라.' '봐서'
... '나 끝났어. 공장으로 갈게' 소희가 보낸 마지막 문장을 확인
하지 않은 것으로 되어있는 것이 못내 찝찝하다. 문 안쪽에서
누가 나오는 게 보인다. 더 보니, 머리를 빡빡 깎은 태준이다.
태준은 핸드폰을 꺼내 확인하느라 아직 소희를 못 봤다. 그런

데 어떤 남자가 뒤에서 오더니 태준의 머리를 쎄게 후려친다. 순식간에 벌어진 일이다. 사람들이 우르르 몰려나와 두 사람을 말린다. 소희가 깜짝 놀라 그대로 굳어버린다.

남자

씨발 꼴에 여친이냐?

말리던 남자들까지 같이 낄낄대는 소리가 들린다. 간신히 추스르고 일어난 태준이 소희를 보고 이쪽으로 온다. 그러자 소희가 저도 모르게 뒷걸음질을 친다. 다가오던 태준이 멈칫한다. 멀찍이 떨어진 두 사람이 잠깐 서로를 본다. 소희가 아래로 시선을 피한다. 태준이 돌아선다. 소희도 돌아선다.

21   **사무실. 소희의 자리 - 내부/낮**

지원의 자리에 앉아있는 소희의 모니터 상단에서 응대 시간 초과 경고등이 번쩍이고 있다. 파티션 안의 모습은 지원이 있던 그대로다. 그녀가 쓰던 기기며 소품들이 아직 있다.

소희

...그건 위약금 때문에 힘들고요, 고객님.

고객

진짜 에스티에선 55만 원 준다 그랬는데요?

소희

결합상품 더해서 재약정으로 알아봐 드릴까요?
그러면 저희도 가능하신 걸로 나옵니다.

새 창을 열어 수치를 입력하고 계산한다.

                    소희

        IPTV와 기가인터넷 함께 설치하시고 3년 약정
        잡아주시면 55만 원..

                    고객

        아 씨 그럼 요금 더 내는 거·아네요? 3년
        걸었다가 1년 뒤에 해지하면요? 그럼
        위약금이랑 얼마예요?

                    소희

        아...
             (계산이 바쁘다)
        1년 후 해지 말씀이신가요? 그건..

오른쪽 아래 메신저가 뜬다. '53만2천원. 빨리 정리해. 이 사람
여기저기 간보는 거야'

                    소희

        오..십삼만 이천 원 나옵니다 고객님.

                    고객

        씨, 현금 말고 신세계 상품권으로 가면요?

                    소희

        고객님 저희 쪽에선 백화점 상품권도 현금
        상품권이랑 동일하게 취급하고 있습니다.
        이번에 우선 해지 연장하시고, 10일 이내에

다시 연락드려 보면 어떨까요.

고객

일단은 그럼...

소희

고객님 바로 접수되셨고요, 기간 안에 저희
상담원이 다시 연락드리도록 하겠습니다.
감사합니다 고객님, 행복한 하루 되십시오.
상담원 김소희였습니다.

응대 시간 23:46:20을 끝으로 경고등이 꺼지고, 해지 보류에
카운트가 된다. 해지방어율/등록률은 그대로다. 다음 콜을 받
으려는데, 팀장이 옆에 와있다. 소희가 엉겁결에 일어난다.

팀장

방어 안 해?

소희

어차피 간 본다고...

팀장

간을 봐도 23분을 넘게 상대했으면 방어로
찍어놓고 넘겨야 될 거 아냐. 이런 애들은
원래가 해지할 생각이 없다고. 그러니까 더
압박을 해서 가야지. 가만 보면 소희는 의지가
없는 거 같애. 2팀은 무조건 실적이야. 실적은
무조건 방어율이고. 이거 봐.
                (파티션 벽의 실적표를 가리키며)

2팀 올라온 지가 언젠데 이게 뭐야. 이래가지고
못 버텨. 그게 문제가 아니라 팀 실적에
마이너스로 간다고.

22   옥외 계단 - 외부/낮

소희가 한바탕 울었는지 빨간 눈을 하고 아래 주차장을 내려
다보고 있다. 정인이 와서 자판기 커피를 건넨다.

소희

고마워요, 언니.

정인

지원 언니 때매 그래. 언니 결국 대부업체
콜센터로 갔대. 거기는 진짜 차원이 다를 텐데.

소희

…

정인

너무 힘들다. 진짜.

소희가 정인을 본다.

23   사무실. 소희의 자리 - 내부/밤

대부분이 퇴근한 후인 저녁 8시. 소희가 자꾸 시간을 확인한

다. 핸드폰으로 온 카톡을 확인하느라, 고객 응대하며 관련 정
보 조회하느라 바쁘다. '왜 안 끝나'냐는 메시지에 소희가 급한
대로 자판을 막 누른 답장을 보낸다. '콜수 아짇 모ㅛ채워어 조금
민 ㄷ ㅓ 기달ㅅ주 ㅓ'

                         소희

        ... 내일 업무시간에 가능한 일이라서요,
        고객님. 그럼 이만,

                         고객

        왜요, 아까부터 혼자 있는 거 아니에요?
        너무 늦었잖아요.

                         소희

        그게 아니라... 오늘 정상 업무는 다 종료가
        돼서...

이제는 전화가 온다. 소희가 부랴부랴 진동으로 돌린다. 진동
이 멈추자 '추워 죽음.' 하더니 쏘맥을 만드는 이모지가 올라온
다. '빨리빨리!' '도저히 안 되겠다, 나 먼저 애들 만나고 있을께' 메
시지가 뜬다. 소희는 가뜩이나 맘이 쫄린데 지금 상대하는 고
객이 질척대는 게 짜증 나 자꾸 한숨이 나온다.

                         고객

        아까 낮에 이따가 다시 건다고 하고, 그쪽이
        먼저 걸었잖아요. 6시에 건다고 하고 7시 반
        넘어서 전화했잖아요.

                    소희

아.. 그건 죄송합니다 고객님.

                    고객

나 계속계속 기다렸는데...

                    소희

아.. 근데 고객님이 말씀하신 조건들은 내일..

                    고객

..오늘 밤새면 난 내일 잠만 잘 건데..

                    소희

...어쩌라고 씨...

                    고객

네? 씨? 뭐?

                    소희

뭐 어쩌라고오. 잠을 처 자든가 말든가 나보고
어쩌라고!

                    고객

너 말 다 했어? 이 미친년이.

드문드문 남아있던 직원들이 놀라 처다본다.

                    소희

너는 아까부터 말 다 했잖아. 미친놈아! 하고

싶은 말이 뭐야 이 변태..

팀장이 와서 헤드셋을 가로채 자기가 쓴다.

>   팀장
>   죄송합니다. 고객님, 팀장 이준홉니다. 모두
>   제 잘못입니다. 네. 부디 이번만.. 네..네.
>   죄송합니다. 네..네네... 양해해주셔서
>   감사합니다. 고객님.

팀장이 헤드셋을 벗더니, 깊게 한숨을 내쉰다. 소희는 붉으락
푸르락한 얼굴에 두 주먹을 꼭 쥐고서 씩씩거리고 있다.

24   사무실. 팀장의 자리 - 내부/밤

팀장 앞에 소희가 서 있다. 아까와는 사뭇 다른 차분한 얼굴이
다. 오히려 어깨가 축 처진 게 잔뜩 주눅이 들었다.

>   소희
>   제가 순간적으로 욱해서...
>   (꾸벅 절을 하며)
>   죄송합니다. 콜 수도 아직 못 채웠고, 되도록
>   빨리 안내하고 넘어갈라고 그랬는데...
>   죄송합니다. 다시는 안 그러겠습니다.

다시 꾸벅 절을 하는 소희. 고개를 숙인 채 팀장의 말을 기다
리고 있는데 아무 말이 없다. 오히려 더 무섭다. 고개를 들어
보는데,

팀장

... 그 새끼가 일부러 그렇게 추근댄 거지?

재수 없게 걸린 거지 뭐.

소희

그래도 제가 더 잘 응대했어야...

팀장

니가 뭘 더 어떻게 하겠냐, 할 수가 없지.

팀장이 한숨을 길게 내쉰다. 소희는 울상이 되어 눈만 깜빡거리고 있다.

팀장

재수가 없는 거야. ...

(문득 떠올랐다는 듯)

약속 있는 거 아녔어?

소희

...

팀장

어차피 너무 늦어서 리콜 돌릴 수도 없으니까

오늘은 그냥 퇴근해.

그러고 보니 사무실엔 모두 나갔고 시간은 9시가 넘어가고 있다. 소희가 자리로 돌아와 핸드폰을 보니 친구에게선 톡이 100개쯤 와 있다. '생일이고 뭐고 실망이고 다시는 보지 말자' '이건 아니지' '읽지도 않냐'... 소희가 '미안'이라고 쓰다가 지운다. 컴

59

퓨터를 끄고 짐을 챙긴 소희가 자리에 아직 남아있는 팀장에게 묵례로 절을 하고는 사무실을 나선다.

25   거리 - 외부/밤

소희가 추운 밤거리에 나왔다. 갑자기 뚝 떨어진 기온 탓도 있지만 사무실에서만 있어서 그런지 전혀 대비가 안 됐다. 아무리 외투를 여며도 춥다.

26   춤 연습실 - 내부/밤

비트가 센 음악에 맞춰 춤을 추는 사람들이 내뿜는 열기가 대단하다. 격렬한 춤동작이 어지럽다. 커다란 거울 앞에서 각자 자신의 모습을 보며 동작에 열중인 사람들. 확실히 잘하는 사람도 있지만 뒤쪽에 너무 서툰 사람도 있다. 연습실 문이 빼꼼히 열리더니 소희가 얼굴을 내밀고 안을 본다. 아까까지와는 다르게 발그레한 볼이 상기된 채 입이 귀에 걸리도록 웃고 있다.

                    멤버1
        소희다!

한 사람이 알아보자 모두 소희를 본다. 여러 명이 멈추고 와서는 소희를 둘러싼다.

                    멤버2
        왜 이제 와아~~? 회사는 어때? 재밌어?

멤버3

이게 뭐냐 이게. 화장이, 고등학생이.

멤버4

이쁘기만 하네. 밥은 먹었어? 이제 다시 올
거야?

멤버5

야, 그렇게 딱 안 나오면 어쩌냐, 우리한테도
헤어질 시간을 줘야지.

멤버들의 핀잔에도 소희는 그저 반갑고 좋다.

소희

너무 바빴어요.

멤버5

그래도 가끔씩 나오면 안 돼?

소희

(끄덕끄덕)
가끔 올게요.

멤버4

우리 진도 마이 나갔다잉. 니 인제 따라올라믄
밤새고 연습해야한다이.

소희

네...

유진

오늘 끝났어요? 아직 한참 남았는데?

한쪽에 떨어져 있는 여자가 거울을 통해서 이쪽을 보고 있다. 못마땅한 표정이 역력하다. 소희와 눈이 마주치자 딴 데를 본다.

멤버1

하튼 유진 씨 정 없어. 여기가 원래 우리 반
에이스였다고! 이게 얼마 만인데...

멤버5

소희야, 이리와 같이 추자. 너도 다 한 거잖아.

소희

(손을 마구 흔들며)
아녜요, 아녜요, 아녜요. 저는 뒤에서 볼게요.
완전 다 까먹었어. 안돼 안돼.

소희가 뒤쪽에 접이식 의자를 가져다 자리를 잡고, 아쉬운 멤버들이 하나둘 위치로 간다. 음악이 다시 울리고 군무가 이어진다. 동작을 익힌 정도가 다르지만 다들 열심히 춘다. 아까 쏘아붙였던 유진이 거울을 통해 뒤쪽을 본다. 소희가 의자에 앉아서 어깨와 고개를 까딱인다. 처음에는 소심하게 춤동작을 따라 하는가 싶더니, 어느새 리듬을 타는 게 보인다. 딱 봐도 당장 튀어나와 춤추고 싶어 하는 얼굴이다. 부러운 표정으로 두 눈이 반짝인다. 안무가 점점 고조되더니 클라이맥스 부분에서 하나둘씩 동작을 틀린다. 거울 앞의 유진도 여지없이 틀린다. 매번 틀리는 부분인지 아쉬워한다. 문득 거울로 소희를 보는 유진. 창피한데, 소희가 이쪽을 보고 있다. 눈이 마주치자 활짝 웃는다. 괜찮다는 듯, 찡긋한다. 괜히 더 무안해진 유진이 가볍게 심호흡을 하고는 이어지는 동작에 집중한다.

27   춤 연습실 지하계단 - 외부/밤

소희가 연습실을 나온다. 바깥으로 향하는 계단을 오르려는데 눈이 내리고 있다. 어두운 통로 밑 아래쪽과는 달리 저 위의 입구만 길쭉한 창처럼 밝다. 밤거리의 따스한 빛을 가득 품은 눈송이들이 하염없이 내려온다.

28   콜센터 주차장 - 외부/낮

이른 아침. 밤새 내린 눈이 하얗게 뒤덮은 옥외주차장. 군데군데 쌓여있는 눈 더미 사이로 소희가 출근하고 있다. 이쪽으로 먼저 지난 사람이 없는 탓에 소희의 발자국이 점점이 생긴다. 갑자기 저쪽에서 '아악'하는 비명소리가 들린다. 어떤 여자가 주차된 차의 운전석 창문을 마구 두드리며 소리를 지르고 있다.

여자

저기요! 저기요!

운전석 문을 열려고 해도 꿈쩍하지 않는다. 경비원이 뛰어간다. 소희도 달려간다. 옆에 선 여자의 차와는 달리 이 차 지붕엔 눈이 잔뜩 쌓여있다. 차 주변에도 눈이 그대로다. 소희가 다가가자 운전석에 앉아있는 팀장이 보인다. 두 팔은 축 늘어

져 있고 입가엔 거품이 나와 있다. 어제 퇴근할 때 본 복장 그
대로다. 차창의 반사 때문에 잘 드러나지 않는 가운데 소희가
힘들게 그의 얼굴을 보려고 애쓴다. 어제 마지막으로 본 모습.
회전의자에 푹 잠긴 채 굳어있던 얼굴. 그대로다. 그를 발견
한 여직원이 계속해서 두드려 댄 탓에 차창에는 어지러운 손
자국만 가득하다. 자꾸만 눈앞이 뿌예지려는 소희가 안간힘으
로 팀장의 얼굴을 보려고 하는데, 멀리서 앰뷸런스 소리가 점
점 다가온다.

29 사무실 - 내부/낮

보안요원들이 우르르 사무실로 들어온다. 곧장 팀장실로 가더
니 컴퓨터며 서류들을 가지고 나온다. 직원들 모두 놀라서 어
쩔 줄 모르고 서 있다. 이번에는 낯선 회사원 무리가 팀장실로
가더니 문을 닫는다. 뭐라고 언성이 높아지는가 싶다가 이내
말리는 소리가 들린다. 잠시 후 다 같이 나와서는 사무실을 나
간다. 소희가 그중에서 지원을 내쫓은 센터장을 알아본다. 그
중 가장 젊어 보이는 남자가 하는 말에 계속 끄덕거리며 '네
네 네네' 한다. 마지막으로 따라 들어갔던 중년여성만이 이들
이 사무실을 나가도록 안내하고는 다시 돌아온다. 사무실 한
가운데로 오더니 박수를 짝짝 친다.

                              새팀장
              여러분 간밤에 안타까운 일이 있었어요.
              팀장님이 급작스럽게 사망하셨는데, 자세한
              사항은 회사에서 조사를 하니까요, 다 너무
              놀랐죠? 그래... 일단은 마음을 좀 추스르고
              우선은 일을 합시다. 우리는... 우리 일을

해야죠 그죠. 지금 다른 센터에서 난리들이에요,
그쪽으로 과부하가 걸려가지고. 그렇다고 다른
팀에 피해를 주면 안 되니까요. 그죠.

여자가 동의를 구하는 듯 직원들을 보며 고개를 끄덕인다. 모
두 도무지 정신이 없다.

새팀장

아 내가 오늘부로 새로 왔어요. 같이
잘해봅시다.

그러나 모두 자리에 앉지 못하고 아직 얼어들 있다. 짝짝. 새
팀장이라는 여자가 다시 박수를 친다. 그러자 하나둘 엉거주
춤 자리에 앉는다. 소희는 온몸이 가늘게 떨린다. 갑자기 전
화벨 소리가 일제히 울려댄다. 소희는 이제 숨이 막혀온다. 두
손으로 귀를 막고 고개를 숙인다.

새팀장

어서요!

다그치는 목소리가 전화벨을 뚫고 와서 박힌다. 직원들이 하
나둘 헤드셋을 쓴다. 벨 소리가 사그라드는가 싶더니, "사랑합
니다. 고객님, 상담원 ○○○입니다. 무엇을 도와드릴까요."가
사무실 가득 떠다닌다.

30   소희 집 거실 - 내부/낮

소희와 엄마가 식탁에서 밥을 먹고 있다. 아무도 안 보는 TV

에는 신년특집 예능프로가 한창이다. 밥 먹다 말고 소희가 엄마를 본다. 시선을 느낀 엄마도 소희를 본다. 한 3초나 지났을까,

엄마

어? 뭐라고?

소희가 픽 웃는다.

소희

암말도 안 했는데?

웃음이 안 멈추는지 흐흐거리는 소희를 따라 엄마도 웃는다.

31   **장례식장 - 내부/낮**

교복을 입은 소희가 팀장의 빈소로 들어간다. 제단 앞에는 아내와 어린 아들이 있다. 상주복을 입은 꼬마아이가 소희를 보고 두 눈만 끔뻑인다. 소희가 제단에 국화를 놓고 절을 올린다. 아내에게도 절을 하고 나와 신발을 신으려다 다시 돌아온다. 옆의 접객실로 가서 아무도 없는 상에 가 앉는다. 도우미가 와서 밥과 국을 놓고 간다. 소희가 국에다 밥을 말아 먹는데 팀장의 아내가 앞으로 와 앉는다.

아내

어떻게 오셨는지...

소희

저희 팀.. 팀장님이셨어요.

아내의 얼굴이 일그러지더니 눈물이 차오른다.

아내

거기서 아무도 못 오게 한 거 아니에요?

소희가 끄덕끄덕한다.

소희

죄송해요. 팀장님이 저희한테 정말
잘해주셨는데... 죄송해요.

32   사무실. 소희의 자리 - 내부/낮

소희가 자신의 책상 키보드 위에 놓인 서류를 보고 있다. 제목이 '각서'다. '전임 팀장이 유서에서 문제 제기한 부당 노동 강요나 성과급 산정방식에 대하여 이는 사실이 아니고, 과거 규정에 일부 오해의 소지가 있었지만 현시점에는 모두 시정되었다'는 내용에 동의한다는 각서다. '이 각서에 서명하면 상여금을 지급해 준다'는 메모가 포스트잇으로 붙어있다. 소희가 서류를 옆으로 치워놓고 헤드셋을 쓴다.

33   사무실 - 내부/밤

사무실 보드에 이달의 실적표가 올라와 있다. 소희는 32명 중

28위다. 이름이 빨간색으로 쓰여 있고 인센티브 삭감 대상자임을 알리는 마이너스 표도 붙어있다. 팀장의 박수 소리가 들린다.

새팀장

전체 5개 콜센타 통틀어 우리 팀이 꼴찌죠?
흠.... 인제 털어야 돼요. 더는 안 돼 너무 늦어.
인센티브 삭감자도 제일 많고 이러다간 목표치
자체가 툭 떨어지고 기본 비율도 내려가는 거
알죠 그죠. 나는 이렇게까지 내려간 수치는
본 적이 없어서. 너무 걱정이 돼. 특히 여기
김소희 씨. 제일 심해. 전 팀장님이 신경 써서
2차방어팀으로 올렸나 본데, 이건 아무리
봐줘도 너무했죠 그죠. 며칠만 더 지켜보고
다시 판단할 거야. 그 안에 보여줘야 돼 실력을.
(짝짝)
여기 정인 씨는 그래도 꿋꿋하네. 이번에도
1등이네? 근데 우리 팀이 꼴찌라 여기서
돋보이는 거지. 사실 다른 센터 다른 팀들이랑
비교하면 택도 없는 거 알죠 그죠? 이럴 땔수록
다 같이 정신 차려야 돼.

팀장이 나가고 다들 자리에 앉는다. 18:30이 넘어가는 데 모두 예약콜을 거느라 바쁘다. 소희가 자리에 놓인 급여명세서를 본다. 맨 밑 칸에 도합 1,160,452원이라고 찍혀있다. 그 위로 여러 가지 항목들에 해당하는 금액들이 도열해 있는데 그중 인센티브 삭감 비율이라는 항목이 눈에 띈다. -17%

반지하 단칸방 한가운데 놓인 테이블 위에 음식들과 술병들
이 어지럽다. 한쪽 벽으로 치워놓은 촬영 장비들이 가득이다.
뒷벽에 까만 천을 두른 것도 보인다. 쭈니와 소희는 한참 마
신 것 같은데 그릇마다 가득한 음식들은 거의 그대로다. 소희
가 따라놓은 잔에다 또 술을 따르려다 만다. 얼른 털어 넣고
는 소주를 다시 따른다.

소희

존나 처맞고 있는 거 봤어. 머리는 또 왜 빡빡
깎고.

쭈니

오빠가 좀 아이돌 삘이잖아. 그 새끼들이 질투
나서 그런 거 아냐?

소희

씨... 그것도 다 옛날 얘기지.

쭈니

그래도 맞고만 있을 사람은 아닌데...

소희

∴ 존나 비굴하지.

쭈니

차라리 그만두지.

소희

야! 아무나 관두냐? 그래도 비빌 데가 있어야
관두지. 도망친 엄마 아빠 어딨는지도 모르는
인간이.

쭈니

...

소희

씨발 나 맨날 동호보고 관두라 그랬는데 존나
미안해.

쭈니

... 그래서 나는? 비빌 데가 있다고?

소희

(괜히 미안하다)

뭐래... 니가 뭐.

쭈니

그래서 학교도 관두고 운동도 때려쳤다고?

소희

아 그만해. 누가 그래!

쭈니

니가 지금 말한 게 그거 아냐!

70

소희

이 씨. 그럼 너는 이 방이랑 저런 것들이랑 어서
났는데? 니네 오빠한테 비빈 거 아니야. 이게
뭐냐? 존나 처먹고 토하고. 그게 일이야?

쭈니

... 고상한 일 잘도 하네 씨발. 지는 맨날 욕
처듣고 까이면서.

둘 다 말이 없다. 소희가 일어나다 비틀한다. 그대로 나간다.

35   사무실. 소희의 자리 - 내부/낮

소희가 자리에서 포일에 싸인 김밥을 먹고 있다. 책상 위엔
각종 노트와 메모들이 즐비하고 모니터에도 포스트잇이 잔뜩
붙었다. 업셀링상품목록, 추가상품별 안내 시 세부 지침들, 연
령대별 응대 전략 등 다양하다. 소희는 입안 가득 김밥을 씹으
며, 노트를 보며 뭔가를 외우는 모양이다. 눈에 띄게 잘 차려
입은 정장 차림의 젊은 남자가 두리번거리면서 점점 소희에게
로 온다.

직원

김소..희 사원님?

소희가 앉은 채로 올려다본다. 가까이서 보니 한국통신S플러
스 사원증을 목에 걸었다. 들고 있는 서류엔 각서들이 쌓여있
다.

직원

저기.. 저희한테 주실 서류... 사원님만 아직...

소희가 대답 없이 포일만 뜯고 있자 난감해진 직원이 누군가를 찾는다. 마침 양치 컵을 들고 사무실로 들어오던 팀장이 알아보고 달려온다. 소희의 어깨에 팔을 두르고 가까이서 타이르듯,

새팀장

소희 씨. 다른 직원들 생각도 해야지. 빨리
마무리하고 넘어가자. 그동안 너무 시달렸잖아.
응? 내 얼굴 봐서라도...

2시가 되자 소희 모니터로 인콜 사인이 뜬다. 응답 대기 카운터가 작동한다.

새팀장

이제 잊어버리자. 요새 소희 씨 컨디션도 쭉
올라오고 있으니까. 이참에 앞만 보고 가자. 응?

소희가 맨 아래 서랍에서 서류를 꺼내 서명란에 이름을 적는다. 본사 직원이 각서를 수리하고 봉투를 건넨다. 소희가 받지 않자 키보드 옆에다 놓고 간다. 팀장도 소희 어깨를 토닥이다 간다. 소희가 콜을 받는다.

소희

사랑합니다 고객님, 상담원 김소희입니다.
무엇을 도와드릴까요?

커피잔을 들고 몇몇이 모여 있다. 약간 업된 듯 소희의 목소리
가 높다. 제스처도 과장됐다.

소희

6-70대 걸리면 개이득이지. 네네 아버님
어머님 하면서 조금만 헷갈리게 해도 포기.
그래도 우긴다 그러면 슥~ 협박 들어가.
약정 안 끝나서 위약금 겁~나 나옵니다잉.
　　(낄낄낄)
2-30대는 딱 1분. 1분이면 각이 딱 나와.
간 보는 애들 진짜 많으니깐. 빨리빨리 해서
넘겨. 어쨌든 콜 수는 체크되고 등록률은 안
오르니깐.

동료1

그래도 너무 열 내지 마. 그렇게 한번 목표치
올라가면 또 안 내려오잖아. 그거 못 맞춘다고
또 지랄한다고.

소희

　　(끄덕끄덕)
그게 쫌 애매하긴 하지. 그래도 팀장님이
인센티브율 좋은 실적으로 관리해 준다고
했으니깐...

동료2

참내... 새 팀장 교묘하게 너 싸고 돌면서 애들

자극하는 거 뻔한데. 모르냐?

소희

뭘?

동료2

너랑 계속 비교하고...

다들 입을 닫는다.

동료3

아 됐어. 아무튼 지금은 소희 땜에 분위기
좋아졌잖아.

소희가 동료1과 2를 보는데 쯧, 하고 혀를 차고는 한숨만 푹
쉰다.

37   사무실. 소희의 자리 - 내부/밤

직원 몇몇만이 남아있는 사무실. 소희가 예약콜을 돌리고 있
다. 모니터의 실적 표시창은 잔여콜수 3, 해지방어율 66%, 해
지등록률 3%, 업셀링 29건을 기록하고 있다. 20:00가 이제
막 넘었다. 소희의 핸드폰으로 카톡 메시지가 뜬다. '언제 끝
나? 데리러 갈 수 있음' 소희가 고객 정보를 조회하면서, 빠릿하
게 답장도 보낸다. '아직 몇 콜 더 남았어. 최대한 빨리 끝낼게.'

소희

... 고객님 그럼 10일 안에 다시 예약해드리는

74

걸로 진행하겠습니다.

                    고객

그... 지금 그냥 끊어주세요.

                    소희

고객님 저희 규정상 3일 이후부터. 업무시간
중에만 신청받도록 그렇게 하고 있습니다.
          (계산하느라 손이 바쁘다)
고객님 그런데 계약해 주신 지 48일밖에
안 되셨는데요, 이러면 위약금이 너무 많이
나오는데요?

                    고객

...상관없어요. 해지해 주세요.

                    소희

아이고 고객님, 아무도 이렇게는 안 해요.

                    고객

애가. 우리 애가 죽어서... 필요 없으니까 해지해
주세요.

                    소희

... 네.. 고객님...
          (망설이다가)
... 그런데 그냥 유지만 하셔도 1년간 사용하신
금액이 위약금보다는 더 적게 나오거든요. 그때
가셔서 해지하셔도..

                                  고객

아니요.

                                  소희

요금은 매달 나눠서 내시지만 위약금은
일시납인 부분도 있고요 고객님.

                                  고객

아니요. 그냥 해주세요.

                                  소희

...알겠습니다 고객님. 그럼 위약금 27만 원에
가입비, 설치비, 모뎀, 무선공유기 임대료 모두
재청구 되셔서 35만 2천 50원 입금해 주시면
확인 후 처리되시는 점 안내드립니다.

                                  고객

네. 어디로 입금하나요.

                                  소희

고객님 그건 장비 회수팀에서 한 번 더
연락드리면서 안내받으실 수 있도록 그렇게
하겠습니다.

                                  고객

지금은... 안 되나요?

                                  소희

...고객님 저희 절차상...

한숨 소리가 들리는 것 같다. 핸드폰 카톡이 다시 울린다. '빨리 나와'

소희

... 고객님? 그리고 지금 가장 인기 있는 채널
위주로, 언제든지 맞춤 예약 기능으로 다시
보실 수 있는 IPTV 상품. 준비되어 있는데요,
저희 센터 한정 판매 물량으로 확보돼 있는
부분, 몇몇 고객님들께만 안내드리고 있습니다.
오늘 특별히 고객니..

한숨 소리가 아니라 우는 소리였다. 점점 커지는가 싶더니 콜이 끊긴다.

소희

고객..님?

그때 사무실 내선 전화 인콜 사인이 들어온다. 소희가 바로 응답 버튼을 누르고

소희

사랑합니다 고객님 상담원 김소희입...

수화기 너머에서 깔깔거리며 웃는 소리가 들린다.

친구

나다 나. 우리 지금 너네 회사..

얼굴이 딱 굳어버린 소희가 모니터에 남아있는 고객정보만 뚫어져라 보고 있다. '최철웅 43세. 가입 후 48일 / 잔여 약정일 2년 10월 13일...'

38   사무실 - 내부/밤

소희

...예 고객님, 3월 17일로 우선 신청접수
되셨고요, 그 전에 한 번 더 확인 전화드리도록
하겠습니다. 더 궁금하신 점은 없으실까요?
... 네 고객님, 행복한 하루 되십시오. 상담원
김소희였습니다.

소희가 상담을 종료하자 해지 지연에 카운트가 올라가고, 오늘의 잔여콜수 0이 뜬다. 이어서 현재 시각 '18:00' 알림과 함께 '로그오프' 지시가 메신저로 뜬다.

새팀장

월급날이기도 하고요, 특별히 센터 실적 1위도
나오고 한 날이니까 회식합니다. 8시까지 잔업
처리 끝내고 요 앞에 호프집에서 봅시다.

소희가 '이달의 실적표'와 함께 놓여있는 급여명세서를 열어본다. 맨 아래 액수부터 확인하는데, 1,272,900원이라고 되어있다. 기본급, 성과급, 인센티브 지급 비율 등 칸칸이 숫자들이 적혀있는데, 보는 소희가 점점 호흡이 가빠진다. 소희가 돌아가던 팀장을 잡는다.

소희

이번 달에 350만 원은 받아야 되는데요?

소희가 팀장에게 핸드폰을 들이민다. 팀장이 안경을 이마 위로 올리고 핸드폰을 들여다본다. 소희가 계산해 둔 인센티브 수치다. 팀장이 웃는다.

새팀장

소희는 실습생이잖아. 그건 정직원 됐을 때나
그렇고. 그리고 인센티브는 그달에 바로 안
나와.

소희

안 나와요?

새팀장

자꾸 그만두잖아, 실습생들이. 한두 달 후에
지급될 거야. 그리고 소희야, 너는 정도위배
건수가 너무 많아. 특히 초반에 너무 심했어.
매뉴얼 습득이 안 돼서 그랬겠지만, 암튼
지금은..

소희

내가... 실습생이라서요? 그만둘까 봐 돈을
바로 안 준다고요? 그만두면요? 그 돈은 영영
못 받아요?

소희의 목소리가 커지자 주위에서 다들 쳐다본다.

새팀장

뭐...회사로서도 보험을 들어두는 거지.
근데 그걸 왜 지금 걱정해. 안 그만두면 되지.
저금해놨다 생각하고 계속 열심히 하면 되지.

팀장이 자기 자리로 돌아가며,

새팀장

오늘 콜 수도 다 채웠잖아. 후처리 남은 거만
얼른 정리해 버리고. 가자!

소희는 꼼짝 않고 한 손에 쥔 급여 명세서와 핸드폰의 숫자를
번갈아 보고만 있다.

39   호프집 - 내부/밤

직원들이 호프집에 모여 치킨에 맥주를 마시고 있다. 그 와중
에 소희만 소주를 계속 털어 넣는다. 동료2가 소희 앞에다 양
념치킨 한 조각을 놓는다.

동료2

야 안주랑 먹어. 왜 이래.

소희

인센티브 바로 안 들어오는 거 알고 있었어요?

동료2

그거 몰라. 이랬다저랬다야. 솔직히 그 복잡한

게 계산이 맞는지도 잘 모르겠고. 정인이도
다음 달엔 그만둔다 그러고.

####### 소희

정인언니? 언니가 왜?

####### 동료2

걔도 진짜 오래 버텼지. 요새 실적 계속
떨어진다고 팀장이 맨날 갈구잖아. 자존심
상하게... 그러게 옛날에 뭐하러 그렇게 치고
나갔을까... 근데, 너 왜 정인이한테 언니라
그래? 동갑 아냐?

####### 소희

동갑? 처음부터 언니라 그랬는데?

####### 동료2

바보. 정인이랑 너랑 동갑이야. 걔 부영고잖아.

소희가 홀 안을 둘러본다. 한쪽 구석에 앉아 맥주를 홀짝거리
는 정인이 보인다. 소희가 일어나 정인에게 간다.

####### 소희

뭐냐 지금까지. 사람 병신 만들고. 아주 웃겨
죽었겠다? 언니언니 할 때마다.

정인이 소희를 한참 올려다보더니,

                              정인

너나 그만 좀 나대.

                              소희

뭐?

                              정인

너 때문에 다 피곤하니까 적당히 하라고.
니 방어율 올릴라고 아니다 싶은 거 바로
넘기는 거. 애들도 다 아니까 나대지나 말라고.

                              소희

누가 이 씨.

                              정인

니가 그렇게 올려논 목표치 땜에 다들 미친다고.

                              소희

        (숨만 몰아쉰다)

  ...

                              정인

우리 다 실습생이라 어차피 아무리 해도 200 못
받아, 이 병신아.

아까부터 씩씩거리던 소희가 정인의 이마를 냅다 친다. 정인
이 의자 채 뒤로 넘어진다. 추스른 정인도 소희에게 달려들고
두 사람이 엉켜서 나뒹군다. 놀란 아이들이 몰려와 말린다.

이제 막 14번째 고객 응대를 끝낸 소희가 관련 후처리를 한
다. 모니터 상단의 잔여콜수가 72로 바뀌고 오늘의 실적상황
표의 해지방어율 숫자가 바뀐다. 7% → 5%. 동시에 해지등록
률 수치도 바뀐다. 91% → 70%. 다음 콜이 울리고 응답대기시
간 카운트도 계속 올라간다.

소희

한국통신에스플러스 초고속인터넷 고객센터
상담원 김소희입니다. 고객님 무엇을
도와드릴까요.

고객

인터넷 해지할라구요.

소희

네 고객님 실례가 안 된다면 어떤 점 때문에
해지하시려는지 여쭤봐도 될까요?

고객

... 딴 데로 갈라구요.

소희

아 네 고객님, 그동안 저희 서비스에 충분히
만족을 드리지 못해 죄송합니다. 곧바로 해지
처리 도와드리도록 하겠습니다. 미납요금 등
청구 금액 안내드려도 될까요?

고객

네... 얼마죠?

소희

약정 기간 중 남은 7개월분에 해당하는 위약금
4만 원, 지난달 요금 납부 이후에 오늘까지
사용요금 3만 7천3백 원, 가입 시 면제됐던
설치비 3만 원, 장비 대여비 잔여금 7천 원 해서
11만 4천3백 원 부과되십니다.

고객

아 씨 7개월이요?

소희

네 고객님, 지금 일시납 해주시면 곧바로
해지되시구요, 혹시라도 약정 기간을 채우시면
기존의 혜택은 그대로 유지되십니다.

고객

아 됐어요, 그냥 끊어주세요.

소희

알겠습니다. 고객님. 지금 바로 처리
도와드리겠습니다. 현재 요금 청구 중인
카드사로 결제요청 드려도 될까요?

고객

신한카드요?

                                    소희

    네 고객님.

                                    고객

    네.

                                    소희

    잠시만요 고객님 ...
            (작업중 → 작업완료)
    지금 바로 결제되셨구요. 확인 문자도
    보내드렸습니다. 다음번에 더욱 나은 서비스로
    고객님을 다시 모시게 되길 바라며 오늘을
    계기로 더욱 정진하는 한국통신에스플러스
    초고속인터넷이 되겠습니다. 상담원
    김소희였습니다.

                                    고객

    ..네... 수..고하세요.

소희가 응대하는 사이 모니터 하단 메신저 창엔 난리가 났다.
팀장으로부터 온 다이렉트 메신저엔 '똑바로 안 해? 지금 미쳤
어?, 당장 끊어!' 등이 빼곡하다. 소희가 메신저 창을 아예 닫아
버리고 다음 콜을 받으려는데, 팀장이 와서 소희의 헤드셋을
벗겨 던진다. 소희가 사무실 바닥에 떨어진 헤드셋을 주우러
일어나는데 팀장이 소희의 어깨를 밀친다.

                                   새팀장

    뭐하는 거야?

소희

해지 요청하는 고객 해지해 주는데요.

새팀장

허. 아주 대놓고 해사 행위를 하고 있네?
여기가 뭐 하는 데야?

소희

해지 방어가 아니라 해지 안내팀이 있어야 되는
거 아니에요? 그것도 해야죠.

새팀장

(어이없는 듯 웃는다)

빠릿빠릿한 줄 알고 오냐오냐했더니, 지가 뭐나
된 줄 아네? 왜? 인제 일이 하기 싫어? 그럼
그냥 관둬. 회사에서 쌈질을 하질 않나. 진짜
가지가지 하네.

소희

지 돈 내고 인터넷 깐 사람이 이제 됐다고
끊어달라는데, 뭘 그렇게 못 들어줘요? 위약금
내고라도 싫다고 끊자는데, 뭐 났다고 스물여덟
번씩이나 뱅뱅 돌려서 못 끊게 해야 되냐고오!

새팀장

야! 하기 싫으면 하지 마! 누가 떠다밀었어?
니가 네네거리면서 한 거 아니야! 어디서
억지야! 멍때리고 있는 거 간신히 쓸만하게
만들어 놨더니 뭐? 해지를 안내를 해? 너 오늘

이 미친 짓거리로 지금 우리 팀 실적이 얼마나
까인 줄 알아? 이제 딴 애들이 받아야 할
인센티브 싹 까이고 팀 실적 바닥 떨어지고.
안 그래도 내일 전센터 주간 회읜데! 우리 다
거기서 뭐가 돼? 어? 너 하나 땜에!!

소희

씨발. 니 인센티브나 까이겠지.

새팀장

뭐?

소희

어차피 우리 줄 것도 아니잖아. 실습생들
데려다가 존나 뼁이처먹고. 인센티븐가 뭔가
오만 핑계로 도로 다 빼가잖아. 그럴라고
우리들 갖다 쓰잖아! 그렇게 부려 처먹었으면
최소한 준다는 돈은 줘야 될 거 아냐!!

새팀장

... 그거였어? 인센티브 바로 안 들어왔다고
이 난리를 한 거야? 그게 그렇게 당장 필요해?

소희

이씨. 내가 몇 번을 물어봤잖아! 이게 맞냐고!
계산도 다 맞춰놓고! 시킨 대로 하면 그 돈
그대로 준다고 했잖아!

새팀장

허... 없는 애라 그런가? 더럽게 돈돈거리네.

소희가 팀장의 뺨을 주먹으로 친다. 순식간에 가해진 일격에 팀장이 중심을 잃고 넘어진다. 소희는 팀장을 내려다보며 두 주먹을 굳게 쥔 채 얼굴이 벌게져 씩씩거리고 있다. 소희가 다시 때리려고 주먹을 치켜들며 발을 떼는데 두 사람을 삥 둘러서 있던 직원들이 일제히 와서 감싼다. 여럿의 힘에 밀리는 소희가 그 와중에도 팀장에게 가려고 안간힘을 쓴다.

소희

놔! 놔봐아!

41   사무실 - 내부/밤

사무실 보드의 현재 시각이 21:00로 바뀐다. 대부분의 직원들이 퇴근하지 않고 모두 잔업을 하고 있다. 이 시각에 예약콜을 거는 이는 드물고 대개는 일과시간의 후처리를 하느라 키보드 두드리는 소리만 바쁘다. 소희는 자리에 앉아 모니터만 보고 있다. 화면에는 락(Lock)이 걸려있다. 키보드 옆에 놓인 핸드폰으로 메시지가 도착한다. "결정 사항. 징계내용: 무급휴직 3일, 징계사유: 고객응대불성실, 업무태만 누적"

42   소희 집 거실 - 내부/낮

엄마가 소희의 방문을 두드린다.

엄마

안 일어나? 8시가 다 됐는데 왜 안 인나? 야!

소희(소리)

3일 휴가 받았어.

엄마

그래애?

엄마가 반색하며 웃는다. 두어 걸음 옮기니 아빠가 식탁에서 밥을 먹고 있다. 엄마가 가서 앉는다. 아빠는 끄덕끄덕한다.

엄마

쟤는 그런 걸 얘기를 안 해 주냐. 역시 대기업은
다르네잉. 3일씩이나 걍 쉬라고 하고.
　　　(소희 방 쪽으로)
실컷 자라잉!

43   소희 방 - 내부/낮

어둑한 방 침대 위에 머리끝까지 이불을 뒤집어쓴 소희가 누워있다. 엄마 아빠가 설거지통에 그릇들을 두고 잠깐 물을 틀었다 잠그고 집을 나가는 소리가 들린다. 꼼짝 않고 누워있는 소희가 밖의 봉고차에 시동이 걸리고 출발하는 소리까지 듣는다.

                        소희, 쭈니

♬ 그대는 나에게 끝없는 이야기 간절한

그리움~ 행복한 거짓말 은밀한 그 약속~

그 약속을 지켜줄 내 사랑~ 너만을 사랑해

너만을 기억해 너만이 필요해 그게 너란 말야~

너만의 나이길 우리만의 약속~ 이 약속을

지켜줄 내 사랑~~ ♬

좁은 부스 안에서 두 사람이 목이 터져라 노래를 부르고 있다. 어깨동무를 하고 눈을 감은 채 한 손엔 마이크를 한 손에는 검은 비닐봉지에 싼 소주병을 들고.

45   골목길 - 외부/밤

쭈니가 담벼락에다 오바이트를 하고 있다. 소희가 제 다리도 힘이 풀려 휘청거리면서도 쭈니의 등을 토닥이다 쓸어내리다 한다.

                        소희

토도 잘 못하는 게... 그 짓을 어떻게 하냐.

전봇대 옆에 쌓인 눈을 한 움큼 집어 입을 닦는 쭈니. 그 눈을 갖다 토사물도 덮는다.

                        쭈니

으... 이빠이 먹었다 하는 거랑 술이 안 받아

하는 거랑 달라. 그리고 요새는 그것도 안 해.

쭈니가 담벼락에 기대고 앉는다. 소희도 앉는다. 골목길은 지나는 사람들도 없고, 눈이 오고 얼마 안 됐는지 아직 하얗다. 밤하늘은 비 온 후 갠 것처럼 깨끗하다.

쭈니

졸업식에 아무도 안 간대.

소희

너는 안 가는 게 아니라... 못 가는 거고.

소희가 큭큭거리고 웃으며 쭈니의 어깨에 머리를 기댄다.

쭈니

호호호 맞다. 담임 뭐라 안 해?

소희

꺼냈어.

쭈니

잘했다. 그래도 니는 인제 죽었다.

소희

응... 아마도 존나... 개새끼... 만나면...

소희가 말을 다 못 하고 고개가 풀썩 떨어진다. 쭈니가 잠이 들었나 싶어 소희 고개를 일으키는데 옆의 눈더미가 빨갛게 물들어 있다. 소희의 옷소매도 붉게 물들어 있다. 손목에서 피가 난다.

쭈니

소희야!!!

쭈니가 너무나 놀래서 소희를 막 흔들어 댄다. 소희가 눈을 뜨는가 싶다. 쭈니가 소희의 뺨을 때린다.

쭈니

정신 차려! 소희야 안 돼...

쭈니가 울면서 제 양말을 벗어 소희의 손목을 동여맨다. 제 몸도 가누기가 힘든 쭈니가 소희의 뺨을 때려가며 일으켜 세우려 안간힘을 쓰며, 자꾸만 앞이 안 보여 눈을 꽉꽉 감았다 뜬다.

46   응급실 - 내부/밤

병상에서 소희가 눈을 뜬다. 주변을 둘러본다. 엄마가 옆에서 기도하듯 손을 모으고 머리를 박고 있다. 쭈니는 없다. 몇 군데 환자가 누워있는 병상이 보이고, 간호사가 한 남자의 팔에서 채혈을 하고 있다. 벽에 걸린 시계가 3시 50분을 가리킨다. 손목엔 붕대가 감겨있고 링거병에서 수액이 똑똑 떨어진다. 거의 다 됐다. 소희가 바늘을 뽑고 일어난다.

소희

엄마, 가자.

엄마가 졸았다가 '깜짝아' 하고 일어난다.

엄마

야! 너 도대체 지금..

소희

술을 너무 많이 먹어가꼬...
　　　(헤벌쭉)
미안. 아빠는?

엄마

밖에 차에 있어. 한 명밖에 못 들어온다고 해서.

47   **봉고차 - 내/외부/밤**

눈발 날리는 어두운 시골길을 달리는 봉고차 안. 아빠가 운전을 하고 엄마가 조수석에, 소희는 뒷자리의 잔뜩 쌓인 짐들 옆에 앉았다.

소희

엄마... 나 회사 그만두면 안 될까?

엄마

... 어?... 뭐라고?

소희

치이...
　　　(차창에 기대며)

들었으면서.

엄마가 도로 앞을 본다. 눈발이 자꾸만 세져 돌진해 오는데 아빠는 와이퍼 켤 정신이 없다.

48   소희 집 거실 - 내부/낮

엄마와 아빠가 식탁에서 밥을 먹고 있다. 아빠가 한 술을 더 뜨려다 말고 일어난다. 엄마는 남은 반찬 그릇들을 가운데로 모으더니 밥상보를 덮는다. 닫혀있는 소희 방문 앞에 와서 뭐라고 하려다가 한숨만 내쉬고는 돌아서 나간다. 이내 봉고차가 출발하는 소리가 들린다.

49   학교 운동장 - 외부/낮

소희가 눈 덮인 운동장을 지난다. 특유의 걸음걸이 대신, 기다란 그림자만 미끄러지듯 힘없고 무겁다. 운동장 한쪽 주차장에는 빨간 조끼를 입은 아이들이 눈을 쓸고 있는 것이 보인다. 현관에 이르니 내일 있을 졸업식 장소인 강당으로 가는 화살표가 보인다.

50   취업상담실 - 내부/낮

소희가 상담실 문을 열자 앉아있던 담임이 노려본다. 소희가 꾸벅 절을 하고 담임 앞에 앉는다. 한숨도 못 잔 사람마냥 거뭇한 안색의 담임은 코가 씰룩거리는 것이 곧 울 것만 같다.

진정하려는 듯 심호흡을 한다.

                              담임

내가 다 얘기했어. 회사 앞에까지 찾아가서
싹싹 빌었어. ... 누구나 실수할 수 있어. 다시는
안 그런다고 했으니까 이제부터 착실히 하면
돼. ... 니가... 이렇게까지 하다니 너무 속상하다
진짜.

                              소희

...죄송해요.

                              담임

도대체 어떻게 그렇게 무례한 짓을 할 수가
있어. 다 너보다 나이도 많고 경험도 많고 한참
어른들인데.

                              소희

...

                              담임

거기도 엄연히 학교생활의 연장이야.
이게 다 교과과정의 일부라고.

                              소희

...

                              담임

너 인마 그렇게 해서 학교에 미치는 데미지가

얼마나 큰지나 알아? 거기서 이제 우리 학교
실습생 안 받겠다고 하면 어쩔 뻔했어. 니가
후배들 앞길까지 막는 거야. 간신히 취업률
달성해 가는데... 너 빵꾸 내면 우리 반은 또
무슨 망신이야.

고개를 숙인 채 무릎 위에 올려놓은 소희의 주먹 쥔 손등으로
눈물이 뚝뚝 떨어진다.

                    소희

        선생님은 내가 거기서 뭔 일 했는지 알아요?

                    담임

        뭘 해. 콜센타에서 전화 상담했잖아.

                    소희

        ... 무슨 상담?

                    담임

        손님들이 궁금한 거 물어보면 대답해주고
        필요한 거 있으면 찾아주고...

소희가 더 눈물이 난다.

                    담임

        근데 이놈이. 너 얼마 전만 해도 니가 콜 수도
        젤 많고 제일 칭찬받는다고 자랑했잖아. 하는
        일은 똑같은데 인제 그렇게 끔찍해? 세상일이
        다 그래. 이럴 때도 있고 저럴 때도 있는 거야.

소희는 고개를 끄덕이는데 계속 눈물이 난다.

담임

그래도 소희는 좀 다르다고 생각했어. 지
비위에 맞는 일만 할라 그러고 조금만 힘들어도
집어치울 생각이나 하고 그나마 붙어있을
때는 요령이나 피우고. 애저녁에 싹수가 노란
애들도 많아. 그래도 우리 소희는 좀 욱하긴
해도 책임감도 있고, 착실하고, 노력하고 그런
애라고 생각해. 나는 아직 소희 믿어.

소희가 고개를 든다. 퉁퉁 부은 눈에 짙은 화장이 많이 번졌
다. 눈물을 참으려 입을 악다문 얼굴이 가늘게 떨린다. 담임이
소희의 귀 끝에서 함께 떨고 있는 귀걸이를 본다. 이윽고 한
숨을 깊게 내쉰다.

담임

가서 더 쉬어. 그래야 모레 출근하지. 이제 정신
차리고. 지금부터 잘하면 돼. 응?

51   소희 방 - 내부/낮

소희가 이불을 뒤집어쓰고 있다. 카톡 메시지 알림음이 계속
울리고 이불 속에서 핸드폰 화면의 불이 켜졌다 꺼지더니, 전
화벨이 울린다. 소희가 그제야 받는다. 잔뜩 갈라진 목소리로,

소희

어 은아야. ... 미안. 지금 바로 나갈게.

동호가 식당 안으로 들어온다. 두어 군데 빈 테이블이 있고 소희와 은아만 한쪽에서 부대찌개를 놓고 앉아있다. 은아가 보더니 손을 흔든다. 점점 다가오며 소희를 살핀 동호가 놀란다. 한껏 차려입은 은아와 달리 소희는 추리닝에다 맨발에 쓰레빠를 신고 술을 마시고 있다.

동호

뭔 일이래 대낮부터.

소희

왜? 나 엊그제도 낮부터 마셨는데?

자리에 앉으면서 갸우뚱한다.

동호

벌써 취했구만.

소희

강동호...뭘 또 안다고...

소희는 또 술을 따라 마시고, 은아가 동호에게 고갯짓을 한다.

은아

냅둬. 그저께부터 징계 먹고 짜져 있다가 내일
다시 출근이래. 나 원래 7시 면접이라 여까지
데꼬 왔는데 씨발 지금 당장 오래. 가야 돼.
니가 좀 있어 주라. 쭈니도 알바 땜에 못 온대고.

늦게까지 있으면 이따가 다시 올게.

              동호

안 돼. 나 내일 새벽부터 1공장가는 버스 타야
돼.

              소희

아 됐어. 인나자.

              동호

아니야 좀만 더 있다가.
나 배고파.

동호가 그제야 거의 그대로인 채 보글보글 끓고만 있던 부대
찌개를 떠서 먹는다.

53   ○○식당 앞 - 외부/낮

동호와 소희가 밖으로 나온다. 동호가 소희의 눈치를 본다. 비
틀거리거나 하는 정도는 아니지만 자꾸 한숨을 쉬는 것이 술
이 좀 된 거는 같다. 그리고 추워 보인다.

              동호

저 밑에까지만 좀 걸을까? 술 좀 깨고 거기서
택시 타자. 내가 너 집에 데려다주고 갈게.

              소희

아니야. 괜찮아. 너 먼저 가. 나 오늘까지만

노는 날이라 좀 더 있다가 들어갈 거야. 누가
오기로 했어.

동호

누가 데릴러 와? 누가 오는데?

소희

어. 태준 오빠.

동호

...

소희

지금 일하고 있는데 곧 온대.

동호

... 진짜? 괜찮아?

소희

(끄덕끄덕)
어 괜찮아. 가. 내일 또 일찍 일어나야 되잖아.

동호

그래 그럼 간다. 조금만 더 있다가 너도 들어가
알았지?

소희

응.

아쉽지만, 동호가 간다. 혼자 남은 소희가 동호가 내려간 반대
쪽으로 걸어간다.

54   가맥집 앞 - 외부/낮

소희가 저수지로 향하는 길을 따라 걷고 있다. 문자 오는 소
리가 들린다. 호주머니에서 핸드폰을 꺼내 확인한다. "일하고
있어? 난 오늘까지 쉬어... 저수지 근천데, 올 수 있으면 와. 오빠 오
면 더 기다릴라고."(오후2:30) 라고 보낸 소희의 메시지 아래로
답장이 와있다. "뭐ㅏㅓ 시간 날 ㄱㅓ 같"(오후3:28) 소희가 전
화를 걸어본다. 연결음이 들리더니 전화를 받는다.

                    소희
        여보세요?..... 여보세요?

그런데 지지직거리는 소리, 슥슥 스치는 소리만 시끄럽게 들
린다. 그러더니 차 안에 작동하는 깜빡이 소리가 들린다. 아마
도 주머니 안에 있는 채 연결이 되는 바람에 잡음만 들리는 모
양이다. 소희가 더 부르지 않고 전화를 끊는다. 몇 걸음 더 걷
더니 옆으로 보이는 가맥집의 샤시 문을 열고 들어간다.

55   가맥집 - 내부/낮

밖에서 보이는 것과 달리 제법 큰 실내엔 손님들이 더러 있다.
대개 등산객들로 보이는 이들이 간단한 음식에 맥주를 곁들여
먹고 있다. 소희가 그래도 좀 구석진 테이블로 가 앉는다.

카쓰 두 병이요.

주인이 술과 잔 2개를 갖다주며

주인

혼자 왔는가?

소희

네.

소희가 맥주를 컵에 따라 마신다. 출입문 쪽엔 이제 막 넘어 온 해가 깊숙이 들어오고 있다. 창밖을 보니 위쪽으로 저수 지의 물빛이 반사되어 반짝이는가 싶다. 소희가 한 턱을 괴고 햇살이 조금씩 옆으로 미끄러지는 것을 보고 있다. 아직 맥주 가 남았는데, 소희가 일어난다.

56   **저수지 - 외부/해 질 녘**

점차로 저수지에 고인 물이 드러난다. 소희가 이제 막 상류에 도착했다. 야금야금 기울던 겨울해가 반대편 능선 위에 아직 빨갛게 걸려있다. 오르막길을 한참 걸은 소희의 입이 흰 김을 내뿜는다. 기어이 해가 진다. 그러더니 눈발이 날리기 시작한 다. 붉게 물든 하늘과 수면 위로 하이얀 점들이 끝없이 흩날린 다. 차갑게 드러난 소희의 발등에 눈송이 하나가 내려앉는가 싶더니 이내 사라진다.
소희가 물속으로 뛰어내린다. 잔잔한 수면 위로 커다란 파문 이 퍼져 가는데 그보다 빠르게 어둠이 내린다.

57   저수지 - 외부/낮

저수지 주변 한쪽에 모여서 내려다보고 있는 사람들 앞으로
한 여자가 지나간다. 약간 구부정한 자세로 파카 호주머니에
양손을 꽂은 채 저벅저벅 앞으로 걸어가더니 이제 막 건져 올
린 사체 앞에 선다. 수습 중인 119대원이 목례를 하고, 막 도
착한 감식반이 달려와 경례를 부친다. 구급대원들이 살얼음이
낀 사체를 뚝방 한편에 뉘이고 형식적이나마 맥박과 호흡을
확인한다. 검은 파카에 추리닝을 입은 채 차갑게 굳은 소희의
얼굴을 한참 들여다보고 고개를 갸우뚱하는, 오유진(여, 42세)
형사다.

58   저수지 주변 - 외부/낮

배순오(남, 29세) 형사가 사체를 발견한 등산객과 막 헤어져
검체 작업 중인 감식반 쪽으로 온다. 유진이 핸드폰으로 사체
의 사진을 찍고 있다.

                    배형사
        별거는 없습니다. 곧바로 신고하고 기다리고
        있었답니다.

감식반이 한쪽 발에만 끼워져 있던 슬리퍼를 집게로 벗겨 비닐
백에 따로 담는다.

                    감식반
        다 됐습니다. 저희는 그럼 다시 보고
        드리겠습니다.

유진이 끄덕한다. 감식반이 장비를 챙겨서 가고, 구급대원들이
보관 백에 담긴 사체를 들것에 싣는다.

　　　　　　　　　　유진

　　여기도 정리합시다.

사체가 구급차에 실리고 이내 출발한다. 유진이 빠른 걸음걸
이로 아직 경광등이 돌고 있는 경찰차로 가 뒷자리에 탄다. 배
형사가 운전석에, 김 형사(남, 37세)가 조수석에 탄다. 유진이
핸드폰에 찍어둔 사체의 사진을 본다.

　　　　　　　　　　김형사

　　부패도 전혀 없고... 아마 곧바로 얼어버려

　　가지고 보존이 그대로 된 거 같애요.

　　　　　(돌아보며)

　　얼마 안 된 거 같죠잉?

　　　　　　　　　　유진

　　일단 국과수 보내놓고. 신원확인부터 하고요.

　　　　　　　　　　김형사

　　네.

형사들을 태운 차가 빠르게 출발한다.

59　　시체안치실 - 내부/낮

보존 수습을 마친 사체가 가운데 침상에 놓여있다. 가운이 다

덮이지 않아 발목부터 나와 있다.

육중한 철제문이 열리고 소희의 아빠와 엄마가 들어온다. 조심스럽게 살피고는 형사들을 본다. 발걸음이 잘 떨어지지 않는지 느릿하게 안치대까지 와서는 선다. 배 형사가 덮개를 걷어 얼굴을 보여준다. 아빠가 끄덕끄덕하며 유진을 본다. 멍하니 얼이 빠져 있는가 싶다. 엄마는 아빠 바로 뒤에서 하염없이 눈물만 흘리고 있다.

배형사

검안의 말로는 외관상 특별한 타살 정황은
없답니다. 아무래도 자살 같애요.

아빠는 인상을 잔뜩 찡그린 채 고개만 젓는다.

배형사

(조심스럽다)

집에 혹시 뭐 남긴 것 없을까요?

소희아빠

(갑자기 정신이 든 듯)

아니요, 그거 해주쑈. 확실허니 해주쑈.

배형사

부검..이요?

소희아빠

(끄덕)

예.

엄마는 '부검'이라는 말이 나오자마자 울음이 터진다. 김 형사
가 오더니,

김형사

아부지, 생각을 잘하셔 돼요. 그것이 겁나게
모진 일이어요. 애가 온전하게 남들 못하니까
보통....

유진

그러시죠.

유진이 말을 끊고 배 형사가 들고 있는 서류 중 유족진술란에
'부검 요청'이라고 쓴다. 김 형사는 '아이 참..'하며 고개를 젓
고 있다. 유진이 들고 있던 서류들을 김 형사에게 넘기며,

유진

신청서 올리죠.
(아빠에게)
댁에 돌아가 계시면 연락드리겠습니다.

60   경찰서 형사계 - 내부/밤

형사2팀. 배 형사 자리. 컴퓨터 모니터에 저수지 주변 CCTV
화면들이 잡혀있다. 배 형사가 가운데 한 화면을 가리키고 있
다. 파카를 입은 소희의 뒷모습이다.

배형사

이게 마지막이에요. 이 위로는 CCTV가 없어요.

근데 여기서 맨 꼭대기까지는 얼마 안
남았으니까 이 근처라고 봐야죠.

김형사

기지국 신호도 이쪽서 잡힌 게 마지막입니다.

유진

핸드폰은요?

김형사

아직 수색 중입니다. 아, 쓰레빠 한 짝은
찾았답니다.

유진

... 마지막으로 통화한 사람은?

배형사

박태준이라고 학교 선밴 거 같은데, 그게 몇
초도 안 되는 시간이라 애매하긴 해요. 메시지
온 게 다 같기도 하고.

유진

그래도 뭐라고 한 줄 모르니까 일단 만나봐요.
유서랑은 내일 집에 가서 더 좀 찾아보고...
    (두 사람에게)
거기까지 하고 끝내죠.

김,배형사

네.

멀찍이 앞서가는 경찰차를 따라 유진의 차가 주택가로 들어선다. 다닥다닥 붙은 다세대 주택들 중 한 철제 대문에서 소희 아빠가 나온다. 경찰차를 보자 연신 허리를 숙여 절을 한다. 배 형사가 너무 꽉 잡은 아빠의 손을 간신히 풀어 인사를 하고는 안으로 들어간다. 아빠는 대문 옆에 주차된 봉고차를 타고 서둘러 출발한다. 유진이 차창 너머로 그새 더 야윈 아빠의 얼굴을 본다. 유진의 차를 지나자 봉고차 옆면에 쓰인 'SOY FASHION 소희패션'이 눈에 들어온다.

유진은 거실에, 경찰 셋은 소희 방 안에서 이것저것 찾고 있다. 한 발짝 떨어진 곳에 엄마가 서 있다. 방 안의 사람들을 보고는 있는데 어쩌지는 못하고 우두커니 서 있다. 유진이 싱크대 앞 식탁에 앉아 집안을 둘러본다. 대개가 낡고 오래된 세간이다.

배형사(소리)

컴퓨터 같은 건 없는데요?

유진

뭐?

유진이 엄마를 본다. 엄마가 고개를 젓는다. 배 형사가 작은 박스 하나를 들고나오며 고개를 절레절레 흔든다. 그 뒤로 나머지 경찰 둘도 손바닥만 털며 나온다. 유진이 방 안으로 들어간다.

배형사(소리)

컴퓨터나 태블릿PC 이런 거요. 없을까요?

엄마

(기어들어간다)

없어요.

배형사

..아..네. 괜찮아요 어머니.
없답니다! 팀장님!

좁디좁은 방 안은 대낮인데도 앞집 담벼락에 창문이 가려 어
둑하다. 방문 바로 옆에 놓인 침대 위는 소희가 나갔던 날 그
대로다. 침대 머리맡 책상엔 회사에서 마지막 날 입었던 옷이
그대로 놓여있다. 고3 여학생 방이라고는 믿기지 않는. 침대
하나 책상 하나. 차라리 고시원에서 잠만 자는 사람의 방 같
다.

63   콜센터 주차장 - 외부/낮

주차장에 막 도착한 유진과 배 형사가 차에서 내린다. 일행을
보자 미리 도착해 있던 김 형사도 경찰차에서 내린다. 유진이
서둘러 콜센터 쪽으로 이동하고, 김 형사가 서서 보고를 하려
다 냉큼 따라붙는다. 배 형사도 종종걸음으로 따라간다.

유진이 현관을 지나고 복도까지 빠르게 이어간다.

김형사

(부검감정서의 마지막 장을 딱 보이며)

한마디로 타살 정황 제로. 성폭행 의심 정황

전무. 약물 반응은 오로지 알콜 수치 0.02ppm.

손목에 자상은 며칠 전 유리 파편으로 자해하고

응급실에서 봉합한 것. 직접 사인은 익수로

인한 질식..

유진이 멈추고 김 형사를 본다.

유진

예상대로네요.

(배 형사를 보고)

그럼 여기가 마지막인가?

배 형사가 끄덕끄덕하고 일행이 다시 움직인다. 복도 끝에 이
르자 'SAVE 3팀'이라는 푯말이 보인다. 유진이 서류에서 팀명
을 확인하고 문을 연다.

65   **사무실 - 내부/낮**

팀장이 알고 있었다는 듯 안 쪽에서 문을 연다.

새팀장

안녕하세요, 오늘 오신다고 하셔서...

눈부신 형광등 아래 빼곡히 들어앉은 파티션 책상들. 칸 안의 상담사들이 헤드셋을 쓴 채 전화를 받으면서도 유진 일행을 힐끔거린다. 그 가운데 한 자리만 비어있는 것이 눈에 띈다.

유진

저기가...

새팀장

네. 저기가...

유진이 끄덕끄덕하더니 사무실을 전체적으로 둘러본다. 사무실 벽면을 따라붙은 현수막들. '경청과 배려...', '1등 DNA...' 벽을 따라 일행이 있는 앞쪽에 이르니 대형 보드의 현황판이 보인다. '월간 실적집계'라고 되어있는 표에서 유진이 소희의 이름을 알아본다. 1월 실적 1위 김소희. 옆으로 각 항목별 목표치, 달성률, 인센티브 비율, 종합실적 등이 표기되어 있다. 그 밑으로 사원들의 이름이 32번까지 이어진다. 아래의 5명은 빨간색으로 되어있다. 뭐가 뭔지 잘 모르겠는 유진이 갸우뚱한다.

유진

이게...

새팀장

저희 실적표예요. 소희 씨가 지난달에 1위까지 했는데... 진짜 이게 대체...

111

유진이 끄덕거리면서 이동한다. 주위의 상담사들을 지나며 살펴며 가더니, 소희 자리에 이른다. 파티션 안 책상 위엔 모니터와 전화, 헤드셋이 놓여있다. 오른쪽 벽에는 주의할 점, 지켜야 할 점 등이 적힌 포스트잇이 빼곡하고 왼쪽 벽에는 각종 매뉴얼들을 프린트한 쪽지가 붙어있다. 모니터에도 유진으로서는 알 수 없는 키워드들이 적힌 포스트잇들이 잔뜩 붙어있다.

유진

1등이라... 징계는 왜 먹었습니까?

새팀장

네?

유진

(서류를 보고)
죽은 날까지 3일간 무급휴직이라고
되어있던데...

팀장이 종종걸음으로 유진에게 온다.

새팀장

그건 여기서 말씀드리기가...
다른 직원들 업무 중이기도 하고요.
(손으로 가리키며)
저기 저 제 방으로 우선.

유진이 끄덕끄덕하며 가리키는 곳으로 간다. 팀장이 문을 닫고,

새팀장

(뺨을 만지며)

저랑 언쟁이 좀 있었는데요... 일 잘하던 친구가
얼마 전부터 너무 불성실하고 컴플레인도
많이 들어오고... 도저히 안 되겠어서 한마디
했다가...

(고개를 흔들며)

이럴 줄 알았으면... 위에서는 며칠 쉬면서
재충전하라는 의미에서 내린 결정이었는데...

유진은 팀장의 말을 들으며 주변을 둘러봤다. 팀장의 책상에
커다란 모니터 2대가 있고, 그 안엔 음파 모양의 파일들이 즐
비하다. 숫자가 매겨져 있다. 유진이 신기하게 보자,

새팀장

저희 업무 모니터링 하는...

유진

(끄덕끄덕)

매일 야근하고 너무 힘들다 죽고 싶다
그랬다는데 뭐 다른 눈치 같은 건 없었습니까?

새팀장

글쎄요...

유진

(끄덕끄덕)

일단 알겠습니다.

(소희 자리 쪽으로 다시 가며)

직원들 중에는 혹시 가까운 사람 있을까요?

새팀장

네, 제가 한번 애들한테 물어볼게요.

유진

배 형사!

사무실 곳곳의 사진을 찍고 있던 배 형사가 달려온다.

유진

여기 유류품들도 수집합시다.

배형사

네! 장비 챙겨오겠습니다.

배 형사와 김 형사가 사무실을 나가고, 팀장과 직원들 모두 놀라고 당황한 눈치다.

유진

으레히 하는 겁니다.

유진은 소희 자리에 놓인 헤드셋과 모니터 옆 포스트잇들을 여전히 갸우뚱하며 살핀다. 책상 아래쪽을 보니 회전의자 안쪽으로 슬리퍼가 보인다. 사체 발견 당시 한 짝만 신고 있던 것과 비슷하게 생긴 삼선 슬리퍼다.

유진 일행이 주차장으로 나와 차로 간다.

유진

부검 결과 나왔고, 회사까지 봤으니까 슬슬
보고서 올릴 준비 하죠.

김형사

네!

배형사

그래도 아직 핸드폰도 못 찾았고, 유서도...

유진

저수지 수색도 이만했으면 면피는 되고,
주변인들 얘기도 신변비관으로 정리되니까...

차에 타려는데 뒤에서 여직원 한 명이 달려와 선다. 정인이다.

정인

저기. 저기가 전 팀장님이 자살한 자리에요.

김형사

에?

정인이 조금 떨어진 주차 구획을 가리키고 일행이 놀라서 본
다.

정인

그때 이후로 소희가 좀 달라진 거 같아서요.

되게 힘들어하고 이상한 행동도 하고.

유진이 경찰차에서 멀찍이 떨어진 곳의 비어있는 주차구획을 본다.

67   경찰서 - 외부/밤

유진이 전화 통화를 끝내며 경찰서를 나와 주차장으로 내려가는데 안으로 들어가려던 형사과장 문경대(남, 49세)가 부른다.

과장

오 팀장! 잠깐. 할 만해? 형사계는 처음이잖아.

유진

너무 오래 쉬었으니 시키는 대로 해야죠.

과장

　　　(한숨)

내가 뭔 힘이 있냐. 몇 달 버티고 있음 본청에
다시 자리 날 거야.
　　　(화제를 돌리듯)
그.. 어머니 일은..

유진

지금 바로 가봐야 돼서요.

유진이 묵례로 인사하고는 주차장으로 내려간다. 형사과장은
고개를 도리도리 흔들고 있다.

68   삼례파출소 - 내부/밤

시골파출소 문을 열고 유진이 들어온다. 배 형사 혼자 뻘쭘하
게 서 있다. 안쪽 문이 열리더니 파출소장 김일중(남, 55세)이
근무복 단추를 채우며 나온다.

김소장

오밤중에 갑자기 이래 오신다고... 당직이었으니
망정이지...

CUT TO:

컴퓨터 화면. 사건일지와 수사 상황 등이 정리되어 있다. 현장
사진, 검시조서도 보인다.

김소장

여 내부 전산상으로 볼 수 있는 것들은
이런 것들이 있는데, 아마도 서에가 더 있을
겁니다잉.

언급하는 부분에 해당하는 파일들을 이것저것 찾아서 보여주
며 김 소장이 말을 이어 나간다.

김소장

...눈이 까뜩 쌓인 차 안에 이 양반이 운전석에
축 늘어져 있는디, 뒷좌석에 번개탄 있지,
대시보드에 유서 있지. 쯧. 자살이다 하고

봤죠. 시신도 다른 이상은 없고. 씨씨티비랑
카드 기록이랑 조회하니까 전날 밤늦게까지
혼자 회사에만 있다가 12시 넘어 나와서
쩌기 송천에 있는 동네 슈퍼까지 가가지고
번개탄이랑 라이터랑 사 왔드라고요...

유진이 현장 사진을 본다. 그리고 사건기록에 첨부되어있는
팀장의 반명함판 사진을 본다. 앳되고 어린 청년이 웃고 있다.
마지막에는 유서가 보인다. 한 자 한 자 꾹꾹 눌러쓴 글씨로
써 내려간 한 장짜리 유서다. 마지막 부분쯤에 이르니 "...고객
들에게는 해지부서지만 우리는 해지방어팀이 되어 전투적으로 이를
막았습니다. 여기엔 현장실습으로 일하고 있는 학생들이나 그 출신들
이 대부분입니다. 회사는 이들을 조직적으로 착취하고 있습니다..."

김소장

애들한테 못 할 짓을 시켰다고 내부 고발장
비슷하게 유서를 남겼는디...

"...매일 야근을 시키면서도 초과근무수당도 성과급도 지급하지 않았
습니다. 그리고 저는 제일 앞에서 아이들을 떠밀었습니다. 부디 잘못
된 사항들을 바로잡고 정당하게 근무할 수 있도록 해주십시오. 마지
막 부탁입니다. 이준호." 그리고 지장을 찍었다. 유진과 배 형사
가 서로를 본다.

배형사

뭐 이런 데가 다 있습니까.

유진

그런데도 별 뭐 없이 종결됐다고요?

고발 합니다.

관계 당국이 살펴 봐 주시길 간곡히 부탁드립니다. 비단 이 회사뿐 아니라 많은 인터넷 고객센터에 해당되는 사항 입니다. 전주시 덕진구 서노송동에서 근무한 한국통신 S플러스 고객센터 이야기 입니다. 우선 수많은 인력의 노동 착취뿐 아니라 정상적인 임금지급이 이루어 지지 않습니다. 직원이 퇴직을 하면 퇴직한 달의 인센티브를 지급하지 않는 방식으로 돈을 많이 챙기고 있습니다. 예를 들어 8월 근무실적이 10월 급여에 포함되어 들어 오는데 8월 말일에 퇴직시 9월에 기본급만 지급해 줄뿐 10월에 전혀 지급된 금액이 없습니다.

퇴직하는 모든 직원이 억울합니다.

부당한 노동 착취 및 수당 미지급 역시 어마어마 합니다.

회사의 정규근무 시간은 09시 ∼ 18시 입니다.

그러나 상담직원들의 평균 퇴근 시간은 19시 30분 ∼ 20시. 늦게는 22시에 퇴근하는 경우도 있습니다. 이렇게 되면 초과근무 수당이 지급되어야 하는데 절대 지급하는 일이 없습니다.

더 큰 문제는 과도한 상품판매인데 고객센터에 단순문의 하는 고객들에게 전화 (070 인터넷전화) IPTV, 맘카 (홈 CCTV) 등의 상품판매를 강요하고 목표건수를 채우지 못하면 퇴근을 하지 못합니다. 목표 건수 역시 회사에서 강제로 정한 서류 입니다. 매일 야근을 시키면서도 초과근무 수당도 성과금도 지급하지 않습니다. 어떤 핑계를 대서라도 이를 지급하지 않는 것이 내부 방침 입니다.

고객들에게는 해지부서이겠지만 우리는 해지방어팀이 되어 전적으로 해지를 막았습니다. 여기엔 현장실습으로 일하고 있는 학생들이나 그 청년들이 대부분 입니다.

이들은 취약한 아들 입니다. 회사는 이들을 조직적으로 착취하고 있습니다.

그리고 저는 제일 앞에서 아이들을 뽑았습니다. 부디 잘못된 사항들을 바로 잡고 아이들이 정당하게 근무할 수 있도록 해주십셔오. 마지막 부탁 입니다.

2016년 12월 23일 이준오 올림

유진이 사건기록의 마지막 장으로 가서 본다. "2016년 12월 28일 변사자 신변 비관 자살로 사건 종결." 담당자 형사계장 문경대.

김소장

웬 노무사 양반이 거그를 어떻게 해보겠다고
나서긴 했는데, 뭐 어쩌겠어요. 유족이
합의하고 아무 문제없다고 각서 쓰고 공증까지
받아버렸는데. 연말이다 뭐다 정신 하나 없고,
그때 계장님 승진하셔서 인사이동도 얼마 안
남고... 여러 가지로 금방 들어가 버렸죠 뭐.

69   전 팀장의 집 - 내부/낮

세 살쯤 되어 보이는 남자아이가 선물 바구니의 장난감들을 꺼내보며 놀고 있다. 좁은 아파트 거실 가운데 유진이 뻘쭘하게 앉아 주변을 둘러보고 배 형사는 아이의 관심을 끌어보려 이것저것 시도한다. 전 팀장의 아내(30세)가 가져온 물을 내려놓으며 앉는다. 수척하고 피곤해 보인다. 유진이 몇 번 시작하려다 말다 하더니,

유진

남편분이 일했던 회사에서 같은 팀 직원이
사망했어요. 저수지에서 뛰어내렸는데 일단은
자살로 보고 조사 중입니다... 전 팀장님도
그렇게 가셨다는 얘기를 들어서요. 유서를
남기셨던데 혹시 아시는 게 있는지...

유진이 질문을 시작하자 배 형사가 눈치를 보며 수첩과 펜을

꺼낸다. 아내는 가만 보고 있다.

유진

회사에선 그걸 다 부정하고. 그것 때문에
가족들이 더 힘들어지고 그랬다던데요.

아내

유서요?

유진

네. 회사가 애들을 착취하고 있다고
시정해달라고...

갑자기 아내가 헛웃음이 나는지 캑캑거리다가 기침을 한다.

아내

죄송해요. 유서에 쓴 말을 갖고 얘기하는
사람을 처음 봐서. 다 소문이 사실이냐고만
물었거든요.

유진

노무사가 그걸 가지고 고발하려고 했다던데요.

아내

그분도 결국에는 소문이 사실이면 다 헛게
된다고 했거든요. 근데 제가 알 수가 있어야죠.
생전 처음 듣는 돈 얘기 여자 얘기 그런 게 막
들리는데, 모른다고 해야지 뭘 어떡해...

유진

... 그래도 엄연히 내부고발자신데, 명예가
그렇게 실추되셔야... 아내분께서 합의를 해주신
것도...

아내

그 회사에서 아저씨들이 와가지고
그러더라구요. 어차피 그 사람은 산재로 갈 수도
없다고. 유서가 다 사실이라고 해도 자기가
관리자였으니까, 가해자나 마찬가지여서 안
된다... 가만 들어보니 말이 돼. 저로선 그냥
최대한으로 주는 돈 받고 입 다무는 게 남는
거더라고요.

유진이 자기도 모르게 미간이 찌푸려진다. 배 형사는 막 받아
적다가 아니다 싶은지 유진 눈치를 본다. 아내는 입꼬리를 단
단히 붙들고는 말을 이어간다.

아내

보니까 그 노무사님은 애초에 군번이
안됐어요. 서울에서 온 변호사들이 나서니까,
그분이 뭐라고 할 때마다 일만 더 커져. 나는
몰랐던 것들, 진짠지 가짠지 모를 소문들 다
팩트처럼 되고. 죽은 이유도 전부 뒤집어져서
세상 바람둥이에 노름꾼이 돼 있어. 아주
지글지글하더라고요. 나는 그냥... 거기서
끝냈어요.

아내의 표정이 일그러지고 유진은 끄덕끄덕하며 천천히 눈을

122

감았다 뜬다.

                              유진

        그래도. 그때 남편분이 폭로하신 일들이
        시정됐더라면 소희가 죽었을까요?

유진이 이번엔 자기가 한 말에 미간을 찌푸린다. 입꼬리를 자
꾸 말던 아내의 눈시울이 붉어지더니 이내 굵은 눈물이 뚝뚝
떨어진다.

                              유진

                          (후회된다)
        아 제가 괜한...

아내가 간신히 입을 뗀다.

                              아내

        그 소식을 들은 후로... 한숨도 못 자겠어요.
        ...그 아이가... 마지막까지 그 각서에 서명을 못
        했다고 하더라고요...

70   저수지 주변 - 외부/저녁

유진이 저수지로 향하는 오르막길을 걷고 있다. 어스름한 데
다 물가라 더욱 쌀쌀하게 느껴진다. 자신이 신은 워커(두툼한
겨울용 워커에 발목 한참 위까지 단단히 묶어놓은 신발 끈)를 보고,
파카 지퍼를 잠가 올린다. 주변을 둘러보고 뒤를 돌아본다. 경
사도가 제법이지 싶다.

71   저수지 - 외부/저녁

어둑했던 숲길과는 달리 저수지 상류는 해가 졌어도 아직 불그스름한 빛이 남아있다. 구름이 떠가는 하늘을 비추는 수면은, 고요하다.

72   가맥집 - 내부/밤

샤시를 열고 들어온 유진. 내부엔 테이블 한군데 말곤 손님이 없다. 주인이 바로 나온다. 유진이 경찰신분증을 내민다.

> 유진
>
> 전주경찰서 형사계 오유진 경감입니다. 실례 좀 하겠습니다.

> 주인
>
> 예... 지난번에 한 번씩들 왔다 갔는디. 저기 저 자리예요.

주인이 소희가 앉았던 자리를 가리킨다. 유진이 그리로 가서 앉는다. 앉자마자 들어왔던 출입문이 바로 다시 보인다. 덜 닫혀 찬바람이 들어오고 있다.

> 유진
>
> 저도 걔가 시킨 걸로 주세요.

주인이 맥주 2병이랑 잔 1개를 내려놓고 병을 따준다. 유진이 거품 없이 잔을 꽉 채워 따르더니 꿀꺽꿀꺽 마신다.

주인

혼자 이렇게 오는 애들이 있으면은 내가
슬그머니 말을 붙이거든. 속상한 일 있니?
이러고. 애가 그렇게 갈랑가 그랬는지..
그날따라 바빠가꼬 그런 대화 한자리를 못
해주고. 그냥 혼자 그렇게 마시고 갔던게라.

유진

나갈 때 뭐.. 비틀거리나 하진 않았어요?

주인

조용히. 아주 조용히 나갔어라.

유진이 출입문을 다시 본다. 어둠이 내렸다.

73   유진의 집 - 내부/밤

어두운 현관의 센서 등이 잠깐 켜지고 유진이 곧장 집 안으로
들어간다. 이제 막 이사를 온 건지 나가는 건지 모를, 아직 풀
지 않은 박스들이 군데군데 놓여있다. 한가운데에 덩그렇게
놓인 테이블 위엔 일체형 컴퓨터 모니터가 또 덩그렇게 놓여
있다. 온기라곤 느껴지지 않은 집 안에 선인장 화분 하나, 그
옆엔 마치 유골함처럼 보이는 단지도 보인다.
거품 없는 맥주를 가득 따라 마신 유진이 모니터를 보고 있다.
날짜별로 정렬되어있는 비슷한 섬네일들 사이에서 한 파일을
클릭한다. 춤 연습실의 연습 영상이다. 유진이 앞쪽에, 그 뒤
로 연습실 멤버들이 대열을 이루고 있다. 유진이 메인인 듯 화
면의 가운데서 열심히 춤을 춘다. 유진이 일시 정지 버튼을 누

르고 화면을 확대한다. 멤버들 사이로 뒤쪽에 앉아있는 소희
의 모습이 보인다. 그리 선명하진 않지만 알아볼 만하다. 다
시 화면이 움직이자, 의자에 앉은 소희가 어깨와 발로 리듬을
탄다. 유진이 화면을 더욱 확대한다. 소희의 얼굴이 가득 보인
다. 발갛게 상기된 채 연신 웃고 있다. 묘하게도 이쪽을 보고
있는 듯하다. 갑자기 화면에서 사라진다. 유진이 화면을 다시
펼치니 의자에서 일어나 연습실을 나가고 있다. 열심히 춤추
고 있는 앞쪽의 자신과 멤버들 사이에서 소희가 사라진다.

74   춤 연습실 - 내부/밤

텅 빈 연습실 한가운데에 유진이 앉아있다. 옆 연습실에서 틀
어놓은 음악이 들려온다. 바닥에 손을 대고 있자니 쿵쿵 울리
는 진동이 느껴진다. 점점 크고 세게 느껴지는 비트와 음악
소리. 순간 소리가 확 커지더니 연습실 문을 열고 멤버들이
들어온다.

멤버1

오마 깜짝야!

우르르 멤버들이 몰려오고 유진이 어색하게 일어난다.

멤버2

유진 씨?

멤버1

아니 말 한마디 없이 딱 관둘 때는 언제고? 정
없이.

몇몇 멤버들이 대놓고 입을 삐죽인다. 멤버2가 말리듯 눈치를
준다.

유진

(난감하다)

... 내가 사실 경찰이에요. 오늘 물어볼 게
있어서 왔어요.

다들 어안이 벙벙해서 유진을 봤다 서로를 봤다 한다.

유진

전주서 형사계에 있어요.

다들 '헉' 소리가 나며 더 놀란다.

멤버2

그럼 막 깡패들 잡고 살인사건 난데 가고?

유진

(고개를 저으며)

난 계속 사무직이었어요.

다들 쭈뼛하니 어색하다.

유진

김소희라고 아시죠? 완주생명고 3학년.

멤버2

응 우리반 에이스! 였던... 걔가 글쎄...

아... 그래서

멤버3

그래서 왔구나 경찰 유진 씨가...

유진

(끄덕끄덕)

얘기 좀 해줄 수 있어요? 아직 수사 중인데...

멤버2

고1 때부터. 아마 우리 연습실에서 젤 오래된
애들 중 하날걸?

멤버4

엄청 잘했지. 웬만한 걸그룹 안무 다 마스터하고
엔간한 보이그룹 춤도 척척. 그만두기 전날도
혼자 나와서 연습했어. 진짜 열심히 했는데...

멤버2

근데 유진 씨 진짜 뭐가 어떻게 된 거야. 걔가
왜 저수지에 빠져? 진짜 지가 들어간 거야?

유진

네.. 아직 수사 중인 상황이라... 자세한 얘기는
할 수가 없어요.

유진이 일어나 연습실 문쪽으로 간다. 문을 열려다 돌아본다.

128

유진

근데 그 친구가.. 춤은 왜 췄어요?

멤버4

글쎄... 그러네? 뭐가 되고 싶었을까? 옆 반
쟤네들처럼 아이돌 될라고?

멤버3

에이 그러기엔 나이가 너무 많지... 실력도 그
정도까진...

멤버1

(유진에게)

그럼 인젠 또. 다시 나올 거예요?

멤버2

(팔뚝을 꼬집으며)

에그 진짜!

멤버1

아 내가 뭘...

유진이 묵례로 인사를 하고 문을 닫는다.

75   **춤 연습실 앞 - 외부/밤**

유진이 계단을 올라와 거리로 나온다. 음악이 새어 나오는 창
아래로 옆 연습실의 풍경도 보인다. 소희 또래의 아이들이 한

창 춤을 추고 있다. 옆방의 멤버들과는 달리 훨씬 전문적이고 정확한 군무가 펼쳐진다. 유진이 눈에 띄게 잘하는 거울 앞의 빨간 머리 여자아이를 한참 본다.

76   **○○백화점 야외주차장 - 외부/낮**

유진과 배 형사의 차가 대형 백화점의 야외 주차장으로 들어 선다. 입구에서 수신호로 안내를 하는 직원이 보인다. 장난감 병정 같은 모자에 모직 코트를 입고 구두에 스타킹만 신은 다 리가 추워 보인다. 한 팔은 왼쪽을 가리킨 채 다른 팔을 열심 히 휘저어 같은 쪽으로 나란히 가리킨다. 차가 그쪽으로 진입 하자 양손을 귀 옆에 대고 쥐었다 폈다 깜빡이를 켜달라는 신 호를 보낸다. 무표정한 얼굴에 입만 간신히 웃고 있는, 정인이 다.

77   **○○백화점 커피숍 - 내부/낮**

배 형사가 정인의 앞에 모락모락 김이 나는 코코아가 담긴 잔 을 내려놓는다. 건너편 유진에게는 커피 그리고 본인은 아이 스커피를 놓으며 자리에 앉는다. 정인이 빨갛게 언 손으로 잔 을 만지작거린다.

유진

너무 추운 거 아니야? 꼭 그렇게 입어야 하나?
여긴 씨.. 덥네.

유진이 그렇게 물으며 파카를 벗는다. 배 형사도 *끄덕끄덕하*

면서 벗는다.

유진

지난번에 전 팀장이 죽은 이후로 소희가
이상해졌다고 했잖아요?

정인

(끄덕끄덕)

걔가 팀장님 돌아가시고 입 막는 각서에
끝까지 사인 안 한 애거든요. 근데 마지막에
서명한 뒤로는 미친 듯이 콜을 받더라고요.
딴 애들한테 피해 가도 무조건 자기 방어율만
올릴라 그러고...

유진

근데 소희는 죽기 얼마 전부터 실적이 많이
떨어졌던데? 징계사유도...

정인

월급날 인센티브가 안 나왔어요. 다
헛짓이었죠...

유진

왜?

정인

팀장이 실습생들은 하도 잘 그만둬서 한두 달
있다가 준다고... 그것 땜에 빡쳐서... 그러다
징계 먹은 거예요. 저도 그런 거 알고 실적이

떨어지기 시작한 거거든요. 해봐야 소용도
없으니까.

유진

그래서 너도 그만두고 여기서 일하는 거야?

정인이 고개를 젓더니, 핸드폰을 꺼내 문자메시지를 찾아 보
여준다. "김소희 양은 원래 가정불화가 심하고 자해 이력도 수차례
있음. 게다가 사고는 휴직 기간 중 발생한 것임. 유가족이 산재 처리
를 요구하는지 수사기관이 왔다 갔다 하고 회사 이미지에 끼친 손해
가 막심함. 전 사원 각별히 말조심하도록."

정인

센터장한테 단체 문자가 왔어요. 이걸 보고는
도저히 못 다니겠더라고요. 어차피 졸업이라
빨간 명찰 달 것도 아니고 그냥 나와버렸어요.

유진

빨간 명찰?

정인

저희 학교는 복교생들한테 빨간 명찰을 달아요.
그리고 재취업할 때까지 화장실 청소하고
쓰레기장 관리하고 그래요. 소희 학교는 빨간
조끼.

유진

대체..

아까부터 얼굴이 잔뜩 찌푸려져 있던 유진이,

유진

학교에서 왜?

정인

취업률 떨어뜨린 병신들이니까.

구겨졌던 얼굴이 더 구겨진다. 배 형사도 놀란다.

78   경찰서 주차장 - 외부/밤

유진이 차에서 내려 경찰서로 들어가는데 다마스 봉고차가 주차장으로 요란하게 돌진해 들어와 선다. 소희 아빠가 차에서 내리더니 곧장 계단을 오른다. 손에 뭘 잔뜩 들고. 유진이 쓰레빠만 신은 채 허둥지둥 경찰서 안으로 들어가는 아빠를 보고 자신도 따라 들어간다.

79   경찰서 형사계 - 내부/밤

유진이 아빠의 카톡 메시지를 보고 있다. 소희와 아빠가 주고받은 것이다. 우리딸 "지금 일하는 중"(오후 7:01) 나 "언제와"(오후 7:41) 우리딸 "회사여 콜 수 못 채웠어"(오후 7:42) 나 "알았어 빨리 와"(오후 7:43) 이런 류의 메시지창들이 숱하다.

소희아빠
첨 들어간 그때부터 6시에 퇴근하는 걸 내가

본 적이 없어요. 맨날 이래 늦게 끝났다고.
내가 야밤에 델러 간 게 수십 번이랑께. 글고
이거예요.

아빠가 소희의 월급 명세서 3장을 가리킨다.

                    소희아빠

여그 이게 다예요. 돈 번다고 맨날 야근했는데
이게.

                    유진

86만 원.. 116만 원. 127만...

                    소희아빠

...그 회사서 전에도 누가 죽었다믄서요.
우리 소희 같이 일하는 사람이.
          (간절하다)
그것들을 잡아 처넣어 주쑈.

유진이 의자를 뒤로 빼며 아버지를 본다.

                    유진

아버지.
          (잠시 숨을 한 번 고른다)
소희가 손목을 그었을 땐 어땠어요? 무슨 얘기
없었어요?

                    소희아빠

예에?

134

유진

그땐 어머니 아버지가 같이 있었잖아요. 뭐라고
한 얘기 없어요?

아빠가 말을 못 하고 우물거리더니 금세 눈물이 차오른다.

소희아빠

몰랐어요. 이놈이 이렇게까지 모질게...
엄마아빠 가슴 무너질 줄을 뻔히 아는 놈이...
내가 진작에 알았으믄 그런 학교를 안 보내고
그런 회사를 안 보냈을 텐디. 알 수가 있어야지.
말을 해야 알지. 이놈이.. 으으....

아빠가 서럽게 운다. 유진도 어쩌지를 못한다. 그저 핸드폰 바
탕화면의 소희 사진만 보고 있다.

80   콜센터 센터장실 - 내부/낮

접객실에 50대(센터장), 30대(본사 직원) 회사원들이 앉아 있
다. 40대 중반쯤으로 보이는 회사원(세이브부서 부장)도 있다.
새 팀장이 문을 열고 들어오자 유진을 맞는 직원들.

유진

본사에서도 오셨네요?

본사직원

저희 소관은 아니지만 고객들 입장에서는
저희 회사에 콜을 하는 거니까요.

신경을 안 쓸 수 없어서요.

(끄덕끄덕)

그렇죠.

(새 팀장에게)

지난번에 초과근무 한 적이 없다고 그랬는데..
여기 보니까 퇴근이 거의 8시 이후던데.

유진이 눈짓을 하자 배 형사가 태블릿에서 아버지와 주고받
은 메시지 기록을 보여준다. 친구들과 주고받은 카톡 메시지
시각에도 표시가 되어있다.

부장

그건 직원들이 자진해서 자발적으로 하는
겁니다. 그걸 말릴 수는 없잖아요. 인센티브
받으려고 일과시간에 처리 다 못 한 거를
남아서 하는 거예요. 능력껏. 유능한 친구들은
업무시간에 다 하는 거예요.

유진

근데 안 줬잖아요. 인센티브.

부장

그...게 규정상 두어 달 후에 지급되는 거지
안 주다니요. 그리고 그 친구는 워낙에
결격사유가 많기도 하고... 다 규정대로.
학생들과 협의한 선에서 하는 겁니다.

(서류를 내민다)

136

여기 보시면... 근로계약서에..

유진

먼저 자살한 팀장 유서 보니까 무슨 핑계든
대서 제대로 지급하지 않는 게 내부 방침이라고
써놨던데... 불합리한 목표치에다가 그런
노동자 기망행위가 회사 규정입니까?

부장

아니 누가 그런...

유진이 부장이 내민 근로계약서 옆에다 현장실습 협약서를 놓고는,

유진

계약서는 이중으로 써놓고, 대체하기
쉬우니까 실습생들 갖다 쓰면서. 그래서 또 잘
그만두니까 인센티브를 바로 못 준다니.
다 근로기준법 위반이에요.

부장이 말문이 막혀 동료들을 쳐다본다. 팀장, 센터장도 눈이
땡그래졌다.

본사직원

형사님.. 정식으로 수사를 하시면 또 저희대로
대응은 하겠습니다만... 자꾸 그런 생각이
들어서요. 어쨌건 몇 달 현장실습 나온
여학생이 자살한 건데, 회사 일이 힘들어서
그런 거면 그냥 그만두면 되지 않나요?

137

회사원들이 다들 끄덕끄덕한다. 굳은 얼굴의 유진은 본사 직원을 한참 본다. 그가 민망한지 시선을 돌린다.

부장

...보니까 그 친구가 가정형편도 되게 안 좋고.

부장이 새 팀장을 본다. 새 팀장이 고개를 끄덕거린다.

부장

돈에 대한 집착도 좀 심하고. 정서가 많이
불안정하고. 입사하기 전에도 사건 사고가
많았다 그래요. 저희도 너무 경황이 없고
그런데.. 자꾸만 이상한 쪽으로 우기시니까...

센터장

(흥분했다)
아니, 사실 피해는 우리가 입었어요. 이 일
때문에 회사 이미지에 얼마가 손핸데. 학교
측에 강력히 항의해야 될 사안이에요. 이렇게
문제가 많은 학생을 사전에 아무 고지도 없이
입사시킨 거니까.

유진이 억울해하는 센터장과 부장, 팀장 그리고 본사 직원과 한 번씩 눈을 맞춘다.

유진

전 팀장 건은 어찌 넘어갔습니다. 이건 차원이
다른 문제예요. 당신들 말대로 그때는 팀장이
관리자 격이라 가해자네 어쩌네 했지만, 지금

얘는 고등학생이란 말입니다. 그냥, 피해자라고.

81   경찰서 형사계 - 내부/낮

형사계 안으로 형사과장이 빠르게 오더니 유진 자리에 딱 선
다. 서류철 된 내사 보고서를 들이민다.

과장

이게 뭐야? 18살짜리 자살한 거를 가지고 왜
떼로 다니면서 동기를 찾고 내사까지 하고
난리야.

유진

(한숨 가눈다)
단순자살이 아니에요. 명백히 산재예요.
학교랑...

과장

이게 씨. 감이나 잡으라고 단순 변사사건
맡겨놨더니 자살 사건마다 그랬어봐. 완전히
마비야 마비! 뭐 하자는 거야 지금.

유진

학교랑 업체들이랑도 뭐 있는 것 같고.

과장

(어처구니가 없는지 웃는다)
있긴 뭐가 있어. 있어도 그걸 왜 니가 파냐고.

고발이라도 들어왔어?

유진

고발이 꼭 들어와야 합니까? 경찰이, 시키는
것만 해요 어디? 명백히 유서가 나온 것도
아니고.

과장

이게 진짜. 니가 다 책임지...

멤버들

유진 씨!

춤 연습실 멤버들이 의경의 안내를 받으며 경찰서 형사계로
들어온다. 경찰서 직원들과는 확연히 다른 옷차림들이 단연
시선을 끈다. 난데없는 호명에 모두가 유진을 쳐다본다. 당황
한 유진이 일어난다. 어색하게 웃으며,

유진

어떻게 다들...

멤버

이거
　　　(USB메모리를 들고 흔들며)
이거어!

과장이 기가 막힌다는 얼굴로 유진과 멤버들을 번갈아 본다.
게슴츠레 뜬 눈으로 고개를 젓고는 형사계를 나간다. 멤버들
을 지나며 위아래로 훑어본다. 직원들이 일어나 '들어가십쇼'

140

한다. 멤버들은 입을 삐쭉 모으고 유진만 보고 있다.

CUT TO :

배 형사의 컴퓨터 모니터에 동영상이 재생된다. 멤버들과 김 형사, 배 형사까지 삥 둘러서 이를 본다. 커다란 음악 소리에 또 한 번 모두가 쳐다본다. 유진이 급하게 볼륨을 줄인다. 지금 여기 와있는 멤버들이 화면 속에서 춤을 추고 있다. 다들 입을 쭈뼛거리며 좀 의기양양해진다.

멤버2

여기여기, 여기! 얘가 태준이에요!

가리키는 곳을 보자 소희가 점점 거울 앞으로 나오고 있다. 다른 쪽에선 같은 또래의 남자아이가 나온다. 태준이다. 두 사람의 춤이 이어진다. 앞서 다 같이 추던 것보다 훨씬 고난도의 격한 안무가 펼쳐진다. 김 형사와 배 형사가 저도 모르게

김,배형사

오...!

멤버3

얘랑 잘 어울렸는데. 춤도 같이 추러 오고. 근데
훨씬 전에 얘는 그만뒀어요. 취업했다 그랬지?

멤버4

응. 걔가 진짜 잘 췄지. 잘 생기고. 힘도 좋고.

김형사

아직 못 만났어?

141

배형사

네. 물류센터 갔는데 번번이 배송 나간 때라.

그래도 문자랑 확인했으니 곧 연락 올 거예요.

유진이 태준의 모습을 본다. 파워풀하면서도 동작에 절도가 있다. 유진이 자기도 모르게

유진

잘하네...

82 경찰서 화장실 - 내부/낮

여직원 둘이 화장실 세면대에서 비누칠을 하며 손을 씻고 있다.

직원1

그러니까... 어머니 돌아가시고 바로 춤추러 다닌 거네.. 어떻게 그럴 수 있지? 사람이 진짜 좀 모르겠어.

직원2

너무 오래 아프셨대. 십 년이래. 나는 상상도 안된다.

직원1

아무리... 그래도 그렇지.

여자가 나이 들어서 아픈 엄마랑만 그러고 산

거야. 끔찍하다. 그러니 저렇게 되지.

화장실 칸막이 안에 선 채 이를 듣고 있던 유진. 굳게 다문 입

끝에 쓸쓸한 웃음이 남는다. 물소리가 끊기고 또각또각 발소

리가 멀어지는 걸 듣고 있다.

83   쭈니의 집 - 내부/저녁

캄캄한 실내. 쾅쾅쾅 문 두드리는 소리가 나더니 유진의 목소

리가 들린다.

유진(목소리)

고준희 씨? 고준희 씨?

다시 두드려도 반응이 없자 손잡이가 돌리는 소리가 들리고 문

이 열린다. 유진이 잘 젖히지 않는 문을 밀며 들어온다. 문 앞

에 널브러진 짐이 잔뜩이다. 온통 어질러진 방 한가운데에 테

이블. 그 위엔 먹다 남은 음식들과 술병들이 심난하다. 무엇보

다 냄새가 코를 찌른다. 반지하 창문 바로 아래 놓인 침대 위

에 이불을 뒤집어쓰고 누운 사람의 머리칼이 보인다.

유진

고준희 씨?

반응이 없다. 유진이 다가가 본다. 침대 밑에 토해놓은 것이

말라붙어 있다. 이불을 걷는데 여전히 미동이 없다. 유진이 쭈

니의 이름을 부르며 뺨을 때린다. 그러더니 목의 맥박을 확인한다. 핸드폰으로 119를 부른다.

> 유진
>
> 출동 부탁드립니다. 급성 알콜중독 의심
> 환자가 의식을 잃고 쓰러져있습니다. 맥박은
> 있습니다.... 네. 전주시 완산구 명일동
> 29번집니다.

84   차 안 - 내/외부/밤

배 형사가 운전을 하고 유진이 조수석에 앉았다. 배 형사가 눈치를 본다. 뒷자리엔 쭈니가 앉아있다. 유진이 입고 있던 잠바를 걸쳤다.

> 쭈니
>
> 죄송합니다.

> 유진
>
> 학교는 왜 그만뒀어?

> 쭈니
>
> ... 취업 나간 회사 그만두고 싶어서요.

> 유진
>
> 근데 왜 학교를 그만둬.

쪼니

... 학교에서 못 그만두게 해서...

85 쪼니의 집 앞 - 외부/밤

차가 서고 쪼니가 내린다. 꾸벅 절을 하고 돌아선다.

유진

고준희!

쪼니가 돌아본다. 유진이 차에서 내린다. 쪼니가 '아!' 하며 잠바를 벗는다. 유진이 편의점 비닐봉지를 건넨다. 사과, 바나나 등 과일과 우유가 들었다.

유진

너는 알콜 분해 효소가 없대. 술 마시면 안 돼.

쪼니

(끄덕끄덕한다)

네.

유진

그날... 준희가 없어서 소희가 그렇게 된 건 아닐 거야.

고개 숙인 쪼니의 어깨가 가늘게 떨린다. 쓰레빠만 신은 맨발 위로 눈물이 떨어진다.

아파트 베란다 너머의 어둑한 실내. 모니터 불빛만을 밝힌 채 그 앞에 앉아있는 유진이 보인다. 모니터엔 쭈니의 방송(아프리카TV)화면이 재생 중이다. 쭈니가 먹던 닭다리를 화면을 향해 던지고 욕을 한다. "씨발 안 보면 될 거 아니야. 니가 쳐들어와 놓고 지랄이야." 화면 안에서 댓글들이 미친 듯이 올라간다. 재생을 멈춘 유진이 이전에 올린 영상들을 훑어본다. 동네 맛집, 패션, 화장품 등 일상적인 정보들을 소개해 주는가 싶더니 더 이전에는 홈트레이닝 노하우, 피트니스센터에서 전문 기구들을 다루는 모습, 보디빌딩 대회를 준비하고 무대에 오르는 모습 등 다양하다. 놀라운 건 쭈니의 변화다. 거슬러 올라갈수록 너무나 앳되고 예쁜 얼굴이 나온다. 무엇보다 생글생글 웃는다. 그러다 소희를 발견한다. 식당에 자리를 잡고, 곱창이 지글지글 익어가는 모습이 한가득 잡히고. "나오는 거야? 지금?"하며 신기해하는 소희의 모습이 보인다. 갑자기 소희가 일어나 화면에서 사라지더니 남자들 앞으로 가는 게 보인다. 다짜고짜 머리를 들이밀고 "쳐! 치라고. 나는 맞고만 있을라니까!"하는 소리가 들린다. 유진이 픽 웃는다.

다시 최근 영상으로 올수록 방송 중 쭈니에 대한 성희롱이나 악플성 댓글이 훨씬 많아진다. 먹는 걸 가지고 비하하고 조롱하는 댓글도 많다.

유진은 깊은 데서부터 한숨이 새어 나온다.

구름이 잔뜩 내려앉은 하늘에선 곧 눈이라도 올 것 같다. 배 형사가 운전하고 유진은 무표정한 얼굴로 앙상한 가로수 너머를 보고 있다.

배형사

별명이 쭈니라고 1학기 때 삼원무역으로
현장실습 나갔더라고요. 3주 하다가
때려쳤대요. 애들 말로는 맨날 회식하고 억지로
술 먹고. 못하겠다고 그랬대요.

유진

순오 씨.

갑자기 이름을 부르자 배 형사가 깜짝 놀라 본다.

배형사

네?

유진

그 현장실습 말예요. 난 처음엔 무슨 대학병원
인턴쉽 같은 건가 했어... 실전에서 기술을
배워야 완성되는 교육이 있으니까. 그걸 현장
가서 직접 배우라는 거잖아요.

배형사

...
              (끄덕끄덕하며 어색하게 웃는다)

유진

...근데.. 아니죠?

유진이 배 형사를 본다. 배 형사도 고개를 젓는다.

정지선 앞에 차가 서고, 차창 밖으로 등교하는 어린아이들이 건널목에서 신호를 기다리는 모습이 보인다. 신호가 바뀌자 한 손을 번쩍 든 아이가 뛰어나간다.

유진

힘든 일을 하면 존중받으면 좋을 텐데... 그런 일이나 한다고 더 무시해.

배형사

...

유진

...아무도 신경을 안 써... 그러면 완전히 혼자가 돼.

배 형사가 걱정스러운 얼굴로 유진을 본다.

88   복도-취업상담실 - 내부/낮

유진과 배 형사가 복도를 걸어간다. 벽을 따라 '올해의 우수 졸업생'이라고 되어있는 게시물이 상장처럼 만들어져 붙어있다. 공기업에 들어간 아이, 대기업 1차 하청업체에 들어간 3인의 얼굴과 업체명이 보인다. 유진이 상담실 문을 열자 앉아 있던 담임이 일어난다. 한숨도 못 자고 못 먹은 기색이 역력하다. 곧 울음이 터질 것 같다. 목소리도 갈라져 잘 나오지 않는다.

담임

오늘 오신다..

　　(콜록. 헛기침을 한다)

오신다고 들었습니다.

유진과 배 형사가 인사를 하고 있다. 배 형사는 녹음을 한
다.

유진

사망하기 전날 다녀갔잖아요? 어땠습니까.

담임

별말이 없었어요...

　　(한숨)

그냥 다음날 출근할 줄만 알았는데... 징계나
그런 일 생길 수 있으니까 이번에 반성하고
열심히 하면 다 괜찮다고 타이르고 저도
알아듣고 그랬는데...

유진

학교에 왔다가 결심을 한 거 같은데요. 시간상
보면...

담임

...정말 별말이 없었어요. 개는 그럴 애가
아니에요. 누구보다 씩씩하고 자기주장
확실하고. 싫은 건 싫다고 하지, 그럴 애가
아니에요.

149

담임이 고개를 절레절레 흔든다.

                    담임

        일 잘해서 실적도 잘 나온다고 그렇게 자랑을
        했다고요.

                    유진

        ... 그 일이 뭔지 아세요?

담임이 유진을 본다. 차마 말을 잇지 못한다.

                    유진

        원래는 교사가 업체에 가서 업무환경도
        점검하고 계약서도 같이 쓰고 정기적으로
        체크하고 관리를 하도록 돼있던데요? 그런데도
        이런 보고서는 다 임의로 쓰신 거고.

배 형사가 교육부가 배포한 현장실습관리지침서와 담임이 작
성한 순회지도결과보고서를 보여준다.

                    담임

        저희 입장에서는 아무래도 업체 쪽 눈치도 보고
        하는 게 있으니까요. 그래야 다음번에도 애들을
        보낼 수 있으니까..

                    유진

        그래서. 어디서 무슨 일 하는지도 모르고
        보냈다?

담임이 땅이 꺼져라 한숨을 쉰다.

                    담임

거기 제가 뚫은 데예요. 10월까지 취업 못 나간
애들은 어떻게든 제가 취업을 시켜야 돼요. 그
콜센타는 딴 학교에선 이미 보내고 있더라고요.
한국통신 직영이라 그리고 사무실서 전화상담
하는 거라고 하니 제가 뭘 의심하겠어요.

                    유진

거기 전체 직원 수가 670명이에요. 근데 작년
한 해만 629명이 퇴사했어요. 그리고 617명이
입사했고요. 소희가 그중에 한 명이에요.
알아요?

담임이 머리를 숙인 채 한숨을 쉰다. 그러더니 고개를 젓는다.
유진이 기가 막힌다는 듯,

                    유진

애만 문제가 아니네. ... 학생들 실습 나간 현황
같은 거 있죠? 그것 좀 봅시다.

89   교무실 - 내부/낮

교무실 한쪽 벽면 가득 걸린 '종합상황판'이 보인다. 월 단위
학급별 누적 취업자 수, 취업률, 취업률 목표, 달성률이 정렬
되어 있고 달성 여부에 따라 OX 표시가 되어 있다. 그리고 도
내 다른 학교들의 취업률 현황도 표시되어 있다. 유진이 심각

한 얼굴로 상황판을 한참 본다. 배 형사도 콜센터 사무실과의 기시감을 느끼는지 이를 보곤 유진을 쳐다본다.

교감이 자신의 업무 책상으로 안내하고 담임이 엑셀 파일을 찾는다. 3학년 취업 현황이라는 표가 펼쳐진다. 각 반의 월별 취업률과 증감사항, 목표치 등이 세세하게 기록되어 있다. 순위별 동향이 그래프로 표시된다. 하위 그룹에 속할 때는 빨간색으로 눈에 띈다. 빨간색 반 중 하나를 클릭하여 새 창을 여니 3학년 6반의 현황표가 나온다. 번호와 이름, 그리고 취업한 날짜에 따라 분류가 되어있다. 맨 아래에는 미취업자 4인도 있다.

쭈뼛거리는 담임의 마우스를 뺏더니 유진이 다음 시트로 넘어가서 화면보기 사이즈를 확대하고 업체명들을 본다.

유진

여기 다 3차 4차 하청이랑 생산, 설비 공장
아닙니까? 이 사료 공장은 지난번에 불난 데고.
그때 외노자한테 덤터기 씌우다 걸려서 과태료
먹은 데. 허.

유진이 교감을 본다. 당황하고 억울한 기색이 역력하다.

유진

전공 비슷한 업체라도 가야되는 거 아니에요?

교감

아니 당장에 취업률이 안 나오는데 어쩝니까?
비싸고 좋은 자리는 오라지를 않고. 사료
공장이든 비료 공장이든 찾는 데로 보내는
수밖에요. 다 좋아서 합니까. 솔직히

애완동물과는 뭐, 하고 싶어서 갔겠습니까?

                    유진

도대체가...
          (기가 막힌다)
이게 학교예요? 인력파견소지!! 뭐 받는 건
없고요?

                    교감

어서요? 뭐를요?

                    유진

이 업체들 말예요. 소개비나 커미션이나.

                    교감

이 양반이! 아무리 경찰이라도 그렇지. 받긴 뭘
받아요!

                    유진

도대체 이걸 교과정이라고 할 수 있습니까?

부들부들 떨던 교감이 한숨을 푹 내쉰다.

                    교감

이게 현실입니다. 신입생 모집률, 졸업생
취업률 이걸로 교육청이 평가한다구요. 그걸로
예산 배정받고 인센티브 지급받아요. 그래야
이.. 이 선생님들 월급 주고, 학교 유지하고, 또
애들 졸업시켜서 밥이라도 벌어 먹고 살게 한단

말입니다. 그게 이런 애들한텐 교과과정이에요.

                              유진

        ...

                              교감

        가뜩이나 학생 수 줄고 예산 쪼들려서 그
        인센티브 하나에 목매고 있는 처진데... 이제
        이런 일까지 생겼으니 점수가 더 깎여요.
        심각한 감점 사항이라고요.

                              유진

        이런 일?

                              교감

        걔가요! 며칠 전에도 손목 그어뻐리고.
        중학교도 그러다 짤릴 뻔하고 성질이 보통이
        아니라고요. 근데 이제 실습 나가서 그랬다고
        또 다 학교 책임이라고 난리들을 할 거 아녜요!
        쯧. 애 성질 별난 거를 왜...

유진이 교감의 입을 주먹으로 때린다. 교감이 그대로 뒤로 넘
어진다.

                              배형사

        팀장님!!!

                              유진

        나도 성질이 별나서 그런다 씨발. 이런 일?

애가 죽었는데 뭐? 이런 일?

담임이 교감을 막아서고 씩씩대는 유진이 가서 더 때리려는
걸 배 형사가 온몸으로 막는다.

                    유진
    놔! 놔봐아!!!

90   ○○식품 가공 공장 - 내부/낮

작업복을 입은 한 아이가 커다란 스테인리스 교반기에다 재료
들을 넣고 기계를 작동한다. 대형 모터가 돌아가는 소리가 굉
장하다. 냉동된 고깃덩어리와 채소들을 마구 퍼붓는데 무서운
속도로 쓸려 들어간다. 아래에선 다져진 재료들이 폭포수처럼
쏟아진다. 동호가 이를 빈 트레이에 쓸어 담고 있다. 한바탕
굉음이 지나고 나자 유진의 목소리가 들린다.

                    유진
    강동호 학생 여기 있어요?

동호뿐만 아니라 다른 쪽 교반기에서 다져진 재료들을 꺼내고
있던 아이들까지 모두 쳐다본다. 공장 안쪽에 유진이 서 있다.

91   차 안 - 내부/저녁

유진이 차창 너머로 공장 사람들이 이쪽을 보고 있는 걸 본다.
담당자란 사람이 빨리들 들어가서 일하라고 재촉하는 것도 보

인다.

동호

그날.. 쉬는 날이라 갈 수 있었어요. 근데 다음
날 새벽에 공장 가는 버스를 타야 해서 오래는
못 있었는데...

유진

소희는 더 있으면 했고?

동호

(끄덕끄덕)
같이 있던 은아도 가버리고. 평소에 잘 안
다니던 데라... 좀 걸으면 술이 깰 거 같아서
그런 다음에 집에 데려다주고 갈라고 했거든요.
근데 누가 온다 그래서..

유진

박태준?

동호

네... 그 형 이름이 나와서 놀랐어요. 우리 1년
선밴데.. 나 모르는 사이에 뭐가 있나.. 그런
애긴 한 적 없거든요. 그냥.. 그래서 저는 집에
왔어요. 근데 그다음에 들은 게 죽었다고...

동호가 더 말을 못 한다. 목이 메여온다.

동호

발이...

유진

응?

동호

발이 너무 추워 보여서... 빨리 택시 타고
데려다 줄려고 했는데...

유진이 자꾸 뜯어 빨갛게 일어난 동호의 손톱을 본다.

92   경찰서 - 내부/낮

배 형사가 책상 위 모니터와 유진을 번갈아 보고 있다. 큰일
났다는 표정이다. 건너편 자리의 김 형사도 마찬가지다. 유진
도 제자리에서 모니터를 보고 있다. 화면에는 완주신문 기사
가 올라와 있다. "취재 후-콜센터 여고생 자살 사건"이라는 제목
하에 '사망자를 잘 아는 동료가 쓴 익명게시판 글대로 만약에 10대
소녀가 자신의 죽음을 드러내지 않고 조용히 세상을 떠나고 싶었던
거라면 지금 이 사태가 얼마나 폭력적인가.'라며 이어지더니 '전 직
원 자살 사건을 서둘러 종결했던 경찰이 비슷한 비판이 두려워 무리
한 수사를 강행하려는 것은 아닌지 걱정된다.'로 끝맺는다.

유진

이 새끼들... 그 게시판에 뭐래요?

배 형사가 콜센터의 사내 익명게시판을 이미 찾아놓고 글을

따라 읽는다.

배형사

...솔직히 유서도 남기지 않고 죽었다는 건
조용히 사라지고 싶었던 거 아님? 전 팀장이랑
그런 관계가 있었다는 게 사실이라면 남들이
이렇게까지 회사 들쑤시는 거 바라지 않았겠지
안 그래도 팀장 일 일어난 지 얼마 안 돼서
분위기 뒤숭숭한데 이래서 사람 잘 뽑..아야
함...

유진

그거 올린 사람 찾아요. IP 추적이든 뭐든 해서
특정해! 이것들이 지금 그때랑 똑같이 하고
있잖아.

배 형사가 어쩌지 못하고 머뭇거리자,

김형사

그렇게 할라면 싸이버수사대에 의뢰하거나
광역수사대에 지원요청부터 해야 되는데..

배형사

우리가 할라고 해도 영장이 있어야...

유진

영장은 무슨 씨. 알아만 보라고 일단!

쿵쾅거리며 오는 발걸음 소리가 들리더니 형사계 사람들이 일

어난다.

                              과장

     오유진이! 뭐 하는 거야 대체!

과장이 유진의 책상에 신문을 내려친다. 유진이 잠시 호흡을
가다듬는다.

                              유진

          (일어나며)

     과장님 지원 좀 해주세요. 광역수사...

                              과장

     이게 보자 보자 했더니. 직원이 내부
     게시판에다 쓴 거를 조사해서 뭐 하겠다는
     거야? 한겨울에 저수지는 왜 들쑤셔!
     그 인력들은 다 공짜야?

                              유진

     제때 제대로 수사를 안 하니까 이렇게 된 거
     아닙니까.

                              과장

     뭐?

                              유진

     선배님이 덮었잖아요. 전 팀장 건!

                              과장

이 새끼가 진짜.. 야! 덮긴 누가 덮어? 유가족이
됐다 그러는데.

                              유진

유가족이 괜히 됐다 그래요? 수사를 안
해주니까 그러지!

                              과장

이게 진짜 미쳤네. 경찰이 자살이냐 타살이냐
해서 명백히 자살이다 했으면 거기서 끝이지.
더 뭐를 해?

                              유진

그 사람이 내부 고발장 쓴 거는. 그걸 팠어야죠!

                              과장

우리가 왜 그런 걸 파고 다녀. 어? 노동청
교육청이 할 일을. 어!

                              유진

아니요! 조사를 해야 돼요.

                              과장

뭐어?

                              유진

그것들을! 조사를 해야 된다고. 애들이 죽어
나가는데 취업률 취업률 노래나 부르고.

노동청 교육청이 봐주고 있으니까 그러는 거
아녜요. 명백히 근로기준법 위반하고 관리 감독
부실하게 하고 있는데 이게 다 뭐예요. 경찰
수사 대상 아니야?

과장

아으 씨 저 꼴통...

얼굴이 뻘게져 씩씩대던 유진이 경찰서를 나간다.

93   교육청 복도-미래인재과 사무실 - 내부/낮

유진이 직원의 안내를 받으며 미래인재과라는 푯말 앞에 이
른다. 커다란 사무실에 직원들이 한가득이다. 문을 열고 들어
가자 각 세부 부서들이 또 나뉘어 있다. 과학/수학교육, 평생
교육, 전산정보 담당의 부서들을 지나 가장 안쪽에 있는 직업
교육 담당 부서에 이른다.

유진

각 학교 현장실습 감독하는 책임자가 누굽니까.

파티션 안쪽에서 젊은 남자 직원이 엉거주춤 일어난다.

유진

전주서 형사계 오유진 경감입니다.
완주생명과학고 3학년 김소희 양 현장실습
기간 중 사망한 사건 조사 중입니다.

주변의 직원들이 흘깃거리며 동요한다.

주무관

저희 쪽에선...

주무관이 컴퓨터에서 빠르게 파일을 찾더니 마이스터고 2곳
의 현장실습 업체 근무환경시찰 평가표를 보여준다. 소희의
담임이 작성했던 평가지와 비슷하다. 사진이나 도표들이 첨부
되어 훨씬 구체적이고 화려하다.

주무관

여기 마이스터고들은 저희가 직접 관리하고요,
밑에 학교들은 자율적으로...

유진

아니 전체 학생들이 현장실습 나간 공장들,
하청업체들 근무 환경에 대한 관리 감독
말이에요.

주무관

그러니까 그런 평가는 각 학교 자율에 맡기고
저희는 인센티브로...

주무관이 '도내 특성화고 순위표'를 보여준다. 평가순위에 따
른 인센티브 지급률이 표시되어 있다.

유진

자율? 버젓이 표준협약서 따로 근로계약서
따로 만들어 놓고 표준협약서는 완전히

무시하고 최소임금도 안 주고 있는데. 대놓고
이러고 있는...

중앙

주무관

그..건... 노동청에서 해야 되는 거 아닌가요?

주무관이 의아하단 표정으로 고개를 갸우뚱하자 유진은 오히
려 말문이 막힌다. 어린 직원이 고생한다 싶은지 더 안쪽의
큰 책상에 있던 중년 여자가 다가온다.

중앙

장학사

저 선생님, 아니 형사님.

유진이 고개를 들고 보자, 머리가 희끗하고 수더분한 인상의
중년 여자가 악수를 청하듯 웃으며 손을 내민다.

중앙

장학사

특성화고 평가 담당 장학삽니다.

중앙

유진

(악수는 무시하고)

학교들이 감시 의무 소홀히 하는 거, 그거 가만
놔두면 여기가 직무 유기 아닙니까? 그런 걸
제대로 하는지가 저 평가에 들어가야 하는
거 아녜요? 로보트같이 취업률 타령만 할 게
아니라!

중앙

장학사

(답답하다)

형사님, 여기. 여기 좀 보세요.

장학사가 다른 쪽 벽을 가리킨다. 빼곡한 숫자로 가득 차 있는 거대한 현황판이 걸려있다. 도내 직업계 고등학교의 명칭이 작년도 평가순위별로 도열해 있다.

붙박인 듯 선 유진이 현황판을 노려본다. 학교별로 재작년에 비교해서 몇 등 오르내렸는지가 화살표와 숫자로 표시되어 있다. 그 옆으로는 신입생 모집률, 취업률이 기록되어 있다. 취업률 수치는 월 단위 누적 계수가 함께 표시된다. 한쪽엔 전년도 신입생 미달률이 표시되어 있다. 일부 낮은 순위의 학교들이 빨간색으로 되어 있다. 이와는 별도로 타시도교육청의 요약된 상황판도 보인다. 그리고 전체 시도교육청의 전년도 순위가 있다.

입을 꽉 다문 유진이 간신히 한숨을 내뱉는다.

장학사

우리도 다른 교육청이랑 경쟁합니다. 그런
정성평가는 객관적이지를 못해요. 정량평가는
대표적으로 취업률로 총화가 되고요. 교육청
예산이, 특히 특성화고는 빡빡합니다. 이것대로
교육청도 위에서 인센티브 나와요. 취업률
떨어져서 우리 교육청 지원 끊기면 이 밑에
학교 몇 개는 그냥 문 닫습니다. 교육부에서
취업률만 보니까.

유진

... 교육부요. 이제 거기가 나옵니까? 학생이
일하다가 죽었는데 누구 하나 내 탓이란 사람이
없어. 일 시킨 사람들도, 그리 가라고 보낸

사람들도.

장학사가 깊은 한숨을 내쉰다.

장학사

저희도 정말 안타깝습니다. 학생 개인 특성을...
데리고 있는 학교에서 파악을 하고 그런데 가서
견디기 힘든 애들은 가급적 피해야지. 여러
가지로 문제가 많았던 앤가 보던데. 에이, 그런
애를 그런 데다 보냈으니...

유진이 장학사에게 더욱 다가가더니 두 눈을 똑바로 본다.

유진

애초에 그런 데로 애들을 보내면 안 된다고.
그렇게 못 하게 학교들 감시하는 거. 그게 당신
책임이라고. 당신이 막을 수 있었잖아. 근데 왜
아무 말도 안 했어. 왜 보고만 있었냐고.

장학사의 눈가가 가늘게 떨린다. 자기도 모르게 입 주위가 일
그러진다. 한발 물러나더니 유진을 본다. 덥수룩한 머리. 철
지난 파카 차림이며, 한쪽 끈은 풀려있는 워커며... 한숨을 뱉
는다.

장학사

적당히 하십시다. 일개 지방교육청 장학사가 뭔
힘이 있습니까.

유진

...

　　　(모멸감이 스친다)

장학사

그래서요. 이제 교육부 가실랍니까? ...

그 다음은요.

말문이 막힌 유진. 주위에 직원들이 모두 자기를 쳐다보고 있는 것이 느껴진다. 눈이 마주치면 바삐 시선들을 돌린다.

94　　가맥집 - 내부/해 질 녘

유진이 지난번과 같은 자리에 앉아있다. 잔뜩 충혈된 눈으로 어딘가를 노려본다. 맥주 두 병 중 한 병은 다 비웠고 나머지 한 병을 잔에 따르는데 거품이 가득 차오르다 넘친다. 단숨에 잔을 비우고는 또 따른다. 순간, 출입문의 벌어진 틈 사이로 햇빛이 들어와 바닥에 빛줄기를 만든다. 가늘고 깊숙이 들어왔던 빛줄기가 오른쪽으로 미끄러지는가 싶더니 이내 사라진다. 유진이 고개를 들어 보니 해가 넘어간 유리문 바깥으로 붉은 기운이 가득하다.

95　　시체안치실 - 내부/낮

안치대 옆에 소희의 엄마가 기도하는 자세로 앉아있다. 멀찍이 떨어진 곳에는 아빠가 서류를 든 채 앉아있다. 유진이 들어오자 힘겹게 고개를 든다. 유진도 묵례로 인사한다.

직원이 흰 천을 젖히자 소희의 얼굴이 보인다. 엄마 아빠가
다가가 마지막으로 딸을 확인한다. 유진이 시신 인도 서류를
수령하고 수사담당자란에 서명한다.

소희아빠

이건 위로금이고 장례는 학교서 다
치러준답니다. 학교 애들이랑 회사 직원들이랑
마지막에 다 같이 보내줘야 되지 않겠냐고.
언제까지 저 차운 데다가 애를 놔둘 거냐고.

유진

(잔뜩 갈라진 목소리로)
잘...하셨어요...

유진이 아직도 주먹을 꽉 쥐고 있는 소희의 손을 본다.

유진

어머니, 소희가 춤 췄던 거 알았어요?

소희엄마

예?

유진

...춤추는 걸 좋아했대요. 엄청나게 잘 췄대요.

소희엄마

(고개를 흔들며)
첨 들어요. 몰랐어요. 까맣게 몰랐어요.

엄마가 다시 소희를 만지며 눈물이 난다.

소희엄마

진작에 알았더라면 얼마나 좋았을까. 한 번만
봤으믄 얼마나 좋았을까 내 새끼.

유진이 두 사람을 남겨놓고 안치실을 나오는 데 전화가 걸려
온다. 발신자 정보가 없는 번호다.

유진

여보세요?

목소리

오유진 형사님..인가요?

유진

네.

목소리

저는... 박태준이라고 하는데요. 연락처를
남기셔서 전화 드렸어요. 소희 일로...

96   ○○물류센터 - 외부/해 질 녘

여러 업체가 공동으로 입주해 있는 거대한 물류터미널. 화물
트럭들이 끊임없이 들고나는 출입구로 유진이 들어선다. 각각
의 회사별로 따로 둔 배송트럭 정차장이 쭉 늘어서 있다.
더욱 안쪽으로 들어가자 마지막 데크에서 짐 더미와 트럭을

오가는 이가 보인다. 제 키만큼 쌓은 박스들을 트럭에 싣는 모습이 위태롭다. 짐을 내려놓고는 한참 만에 허리를 편다. 눌러 쓴 모자 아래로 빨갛게 언 귀와 두 뺨의 청년이 이쪽을 돌아본다.

그를 본 순간 유진은 더 이상 걸음을 뗄 수가 없다. 얼어붙은 듯 선 채 잔뜩 기울어진 해를 등에 진 청년을 본다. 길게 늘어진 그림자 끝에서 무거운 걸음을 옮기고 있다.

유진의 눈에 물기가 차오른다. 뿌예진 눈앞으로, 검은 형체가 와서 선다.

주먹 쥔 두 손을 모은 청년이 꾸벅 절을 한다.

                              태준

박태준입니다.

97   식당 - 내부/밤

유진과 태준이 밥을 만 해장국을 떠먹고 있다. 둘 다 한참 동안 먹는다.

                              유진

그래도 통화기록 상에 마지막으로 남은
사람이야. 오기로 했다고 들은 친구도 있고.

                              태준

일이 너무 많아서. 시간 날 것 같다고 간다고는
했는데 갑자기 또 배차가 되는 바람에 못
갔어요. 설 지난 지 좀 됐을 땐 데도 계속
물량이 쏟아져서... 그 뒤로 문자도 답이

없고 전화기도 꺼져있고 그래서 삐쳤다고만
생각했어요. 워낙에 제가 자주 그래서...

유진

...일은 할 만해?

태준

...몇 달 전에 공장에서 사고를 치는 바람에
지금 여기 있는 건데, 조금 있으면 복귀해요.
군대 때문에 다시 가야 돼요.. 그때 좀 참았어야
되는데. 제가 못 참고 욱하는 바람에...

유진

또 욱할 땐 누구한테라도 말해. 나한테라도.
괜찮아. 경찰한테 말해도 돼.

태준이 웃는다.

태준

...고맙습니다.

98   장례식장 - 외부/낮

건물 안쪽에서부터 바깥까지 조화들이 가득 나와 있는 장례
식장. 학교, 콜센터는 물론 한국통신S플러스, 전라북도 교육
청이 보낸 조화까지 눈에 들어온다. 그 한가운데 운구차가 서
있다. 주변에 꽤 많은 사람들이 북적인다. 유진이 멀찍이서 이
를 지켜보고 있다. 검은 양복의 직원들, 부장과 새 팀장도 보

인다. 모두가 심각한 얼굴들이다. 그 와중에 담임의 울음소리가 들린다. 그 옆에서 입을 꾹 다물고 유진을 보고 있는 교감도 보인다. 입 주위가 아직 퍼렇게 멍이 들어있다. 유진도 입을 꾹 다문 채 그를 본다. 몇 군데서 카메라 플래시가 터지기도 한다.

아빠가 소희의 영정사진을 들고 장례식장에서 나온다. 그 뒤로 소희의 친구들이 운구를 하고 있다. 쭈니와 동호는 마지막 봤을 때보다 더 초췌해 보인다. 지원과 정인도 핼쑥한 얼굴이 안쓰럽다. 살펴봤지만 태준은 보이지 않는다. 내내 훌쩍이고 있는 소희 또래의 아이들과 회사 동료들 뒤로 소희를 담은 관이 운구차에 실린다. 여기저기서 흐느끼는 소리가 커진다. 운구차가 출발한다. 유진이 자리를 뜨는 데 전화가 걸려 온다. 경찰서다.

김형사

팀장님! 핸드폰 나왔답니다. 지금 서로 오고
있어요.

유진

바로 갈게요.

99　　경찰서 형사계-유진의 자리 - 내부/낮

배 형사의 책상 위에 소희의 핸드폰이 올려져 있다. 유진과 김형사가 함께 내려다보며 다 같이 로딩되길 기다리고 있다.

유진

복구는 할 수 있대요?

배형사

이게 전원이 꺼지고 나서 물에 빠진 거라
그런지 말려서 켜니까 고대로 돌아오네요.

유진

어디.

로딩이 완료되고 초기화면이 나타난다. 배 형사가 이것저것
조작을 하며 해당 화면을 보여준다.

배형사

근데 그동안의 기록을 싹 다 지운 것 같아요.
통화기록, 메시지, 사진, 메모... 뭐 남은 게
없어요. 어플들도 다 지워버리고. 아마 죽기
전에 일부러 그런 것 같아요. 이 동영상 하나만
남았어요.

배 형사가 유일하게 남은 동영상 파일을 전체화면으로 띄운
다. 유진이 핸드폰을 받아 든다.

배형사

뭐 그래도 포렌식 맡기면 지운 자료들도 다
복구할 수 있을 거라고는 합니다. 아이폰인데
비밀번호를 안 걸어 놨거든요.

유진이 핸드폰을 들고 자기 자리로 간다.

유진

그래. 확인해 볼게요.

유진이 자리로 와서 앉는다. 아까부터 점점 가빠진 숨이 좀 더 차오르는 것 같다. 유진은 이미 알고 있다. 시작 전 첫 화면을 알기 때문이다. 그곳은 춤 연습실이다.

떨리는 손으로 파일의 재생 버튼을 누른다.

텅 빈 연습실을 비추던 화면 아래서 소희가 나타난다. 가운데 자리를 잡고 춤을 추기 시작한다. 멤버들이 말하던, 마지막까지 연습을 했다는 바로 그 춤이다. 강한 비트의 센 음악만큼이나 소희의 몸이 움직이며 내는 소리와 숨소리도 크고 거침이 없다. 매번 틀렸다던 부분이 곧 나온다. 그런데 성공한다. 무사히 그 구간을 마치고는 펄쩍펄쩍 뛰면서 기뻐하는 소희의 모습이 보인다. 두 팔을 번쩍 쳐들고 좋아한다. '예쓰! 예쓰!'를 연신 외친다.

유진의 눈시울이 붉어지더니 끝내 눈물이 차오른다.

떨리는 숨을 내쉬느라 들썩이는 유진의 어깨너머로, 음악은 이어지고 소희가 다시 춤을 춘다. 신이 나서, 하염없이 언제까지고 계속될 것만 같은 춤을 춘다.

끝.

스토리보드

정주리 감독의 초기 아이디어 콘티뉴이티

시나리오 작업을 마친 후 초기 콘티뉴이티 구상 단계의 일부를
실었습니다. 본격적인 스토리보드 작업을 하기 전 그리고
촬영에 필요한 모든 요소들이 확정되기 전의 감독의
첫 그림입니다. 따라서 로케이션이 정해지며 달라진 부분,
완성된 영화와의 차이도 있습니다.

　　　시나리오 단계 직후 장면화 작업의 초기 과정도
여러분과 공유하고 싶은 마음에 부끄럽지만 제가 직접 그린
콘티 그림을 싣습니다.

　　　　　　　　　　　　　　　　정주리

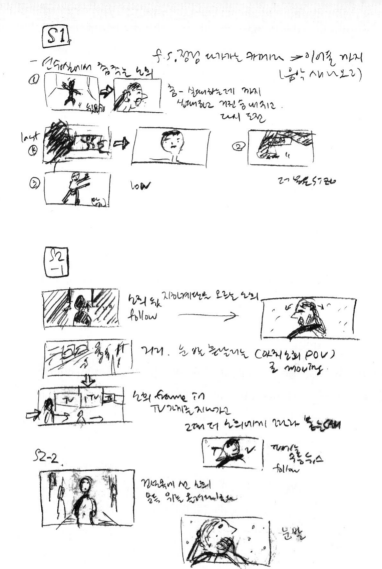

177

야외 벤치 버스에서 A.S
사람들 들어가는 느낌.

사람들 흘러들어 어서 follow
핸드폰을 확인 한다.

·이안 이라는 문자 지험다.

정보도를 보고 기억하려고
이애서 사진
택델을 확인.

우리 POV 타입

달랑 박으로 인사하고
흥미서 너애도 넣려

925

178

연락병 f.s.
춤추는 엉벙들

음악가 들어온다.
사람들이 앉아있음.

엉벙들이 노래에
맞춰서
노래가 더 들려온다.

노래를 들으면서~엉벙들

"내 엉, 반짝이네~"
?
"오늘 뭔일인데?"
아저씨 출하는 사람들

엉벙없이 닫고 돌아서는 노래

계단을 오르려는 노래
혼자 위로 올라서 보다.

올라서는 일기.

?

179

가게쪽으로 들어오는 소리

기억씬, F.S

느낌 컷

(앞으로)
"건간식이에요."

차다미 앉는소리. (게이비슨이 눈치채서
중이미 손님에게 가서. 산지동이 지음분 건
"홀라 왔어요." "네"   안돌아써서)

거북하게 마시는 인희
(옆으로 빛씬)

(옆모습도)

소리가 먼 거리의 빛줄기.
(소리 없이 비어있는씬)
암절히나 인희로 이동씬.

현관 방향으로 나가는 소리

오르막 걸음 걷는 나무의 뒷모습 f. s follow

182

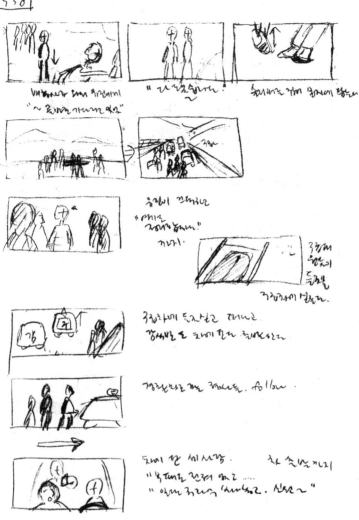

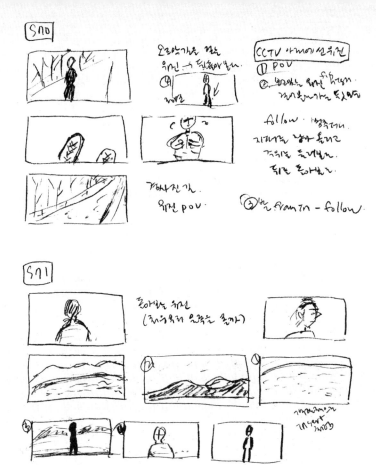

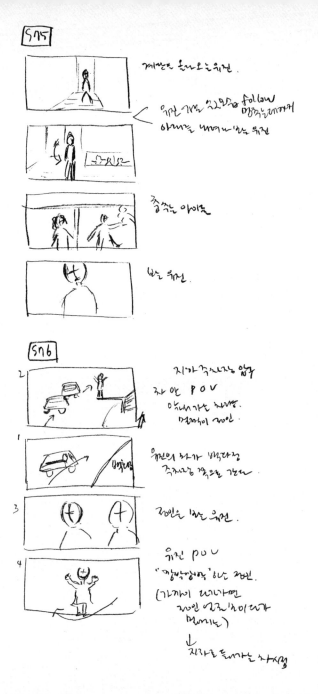

S75

계단로 올라오는 우진.

우진 가볍게 요가먼옵 follow 영좌누에까지
아마를 배려하는 우진

춤추는 아이들

보는 우진.

S76

2 치가 주저없이 앞옵
차 안 POV
아내가는 차량.
영마에이 겐안.

1 우진의 차가 밸타닝
주저없 방로믐 간다.

3 집에을 보는 우진.

4 우진 POV
"항방향복" 하는 집안.
(가까이 다가가매
집인 얼좌치이다가
멀어지는)
↓
집라로 들어는 차시점

594

가까웠던 f. 5
위건.

줄먹였던 눈. 위건. 히어버에 양주를 마신다
양주갈에 써드는데 가짱이
남겨다.
아버 잔를 내려놓는데
1마닥의 점각를 냐바라한다.

1마닥에 빛죽기가
드리운다.
위건 POV

1마닥의 빛이 스러가다
리매를 돋 본다

창밖으로 붉은 기운이
가득하다.

188

595

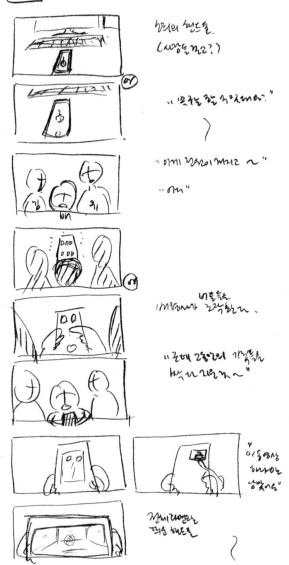

각본을 쓰며 그린 소희의 길

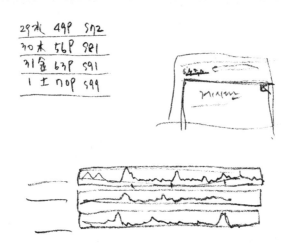

초기 콘티북에 그린 콜센터 팀장 모니터 화면 구상

초기 콘티북에 그린 교육청 현황판 구상

195

인터뷰

"그리고 아주 순수한 질문이 남았습니다. '왜 고등학생이 이런

데서 일을 하지?' 이 질문 하나는 많은 것을 담고 있습니다."

2014년 칸의 주목할 만한 시선 부문에서 상영되었던 감독님의 첫 장편 〈도희야〉 이후, 8년 만에 2022년 칸 비평가주간 폐막작으로 선정된 〈다음 소희〉로 돌아오셨습니다. 이 공백의 이유는 무엇인가요? 여러 가지 이야기 중 선택을 하시는 데 어려움이 있으셨는지, 마음에 드는 주제를 찾는 데 어려움이 있었는지, 아니면 시나리오 집필, 자금 조달이나 프로덕션을 찾는 데 어려움이 있었던 건가요?

Huit années séparent votre 1er film, *A Girl at my Door*, découvert au festival de Cannes (Un Certain Regard) en 2014 de *Next Sohee*, toujours à Cannes, en clôture de la Semaine de la Critique en 2022. Quelles en sont les raisons ? Difficultés à choisir une histoire parmi plusieurs, ou à trouver un sujet, écrire un scénario, trouver du financement, une production ?

〈도희야〉 이후 곧바로 만들고 싶은 작품이 있었습니다. 3년여 간 시나리오 작업을 하였고, 탈고한 이후 제작자와 투자자를 찾아 나섰습니다. 하지만 여의치 않았습니다. 이후 원했던 것보다 제작 규모를 훨씬 줄여 영화진흥위원회의 제작지원에 응모하였으나 이도 여러 차례 탈락하였습니다. 그렇게 완전히 그 프로젝트를 포기한 것이 2020년 초입니다. 완전한 포기 이후에는 극심한 좌절과 무력감이 밀려왔습니다. 사실 〈도희야〉 이후에 많은 연출 제의를 받았습니다. 대개는 기존의 각본을 각색해서 연출해달라는 제의였습니다. 흥미로운 이야기도 있었고 도전해 보고 싶은 작품도 있었습니다. 그러나 내가 온전하게 몰입하여 영화 전체를 완성하기에는 늘 무언가 결핍되어 있었습니다. 결국 내가 직접 쓴 나의 시나리오여야만 한다는 고집이 작동하고 있었던 것 같습니다. 그렇게 간신히 완성한 시나리오가 정작 끝내 외면받으니 그 좌절감이 너무 컸습니다. 은둔한 채 글만 쓴 세월이 길었고, 그 후 제작을 위해

나섰을 때는 나와 내 영화를 기억하고 새 영화에 관심을 가져줄
자본을 찾을 수 없었습니다.

Juste après *A Girl at my Door*, j'avais un projet
auquel je tenais beaucoup. J'ai passé environ trois ans
pour en écrire le scénario. Une fois terminé, je suis
partie à la recherche de producteurs et de financeurs.
Mais personne ne m'a tendu la main. J'ai donc revu à la
baisse les moyens nécessaires pour le réaliser et demandé
une aide à la production auprès du KOFIC (Korean Film
Council). Mais cela m'a été refusé à plusieurs reprises.
Au début de l'année 2020, j'ai donc finalement abandonné
ce projet. Suite à cela, un sentiment de frustration
et d'impuissance m'ont envahi pendant un certain temps.
En fait, après *A Girl at my Door*, j'ai eu de nombreuses
propositions. La plupart du temps, il s'agissait d'un
travail d'adaptation d'un scénario. Il y avait des
histoires intéressantes, des œuvres qui me donnaient
envie de me lancer un défi. Pourtant, il manquait toujours
quelque chose pour que je puisse m'y plonger complètement
et aller jusqu'au bout. Je pense, qu'au fond de moi, je
m'obstinais à vouloir faire un film d'après un scénario
qui m'est propre.

감독님의 작품을 보면, 실화를 바탕으로 한 것
같다는 느낌을 받습니다. 실제 사건을 바탕으로 한
것이 맞나요? 그렇다면 이 실화에 대한 좀 더 자세한
설명을 해 주실 수 있을까요? 그리고 이 이야기의
어떤 점이 감독님에게 영감을 준 건지도 궁금합니다.
또, 〈도희야〉에서와 마찬가지로, 작품에서 실화를
바탕으로 한 것 같은 (다분히 리얼리즘적) 인상을
주는 미학적, 내러티브적인 선택을 하시는 이유는
뭔가요?

Quand on découvre votre film, on a

l'impression qu'il est inspiré d'un fait-divers ayant
réellement existé. Est-ce le cas ? Si oui, pouvez-
vous nous donner plus de précision, sur ce fait
proprement et la raison pour laquelle il vous a
inspiré. Sinon pourquoi, tout comme dans *A Girl
at my Door*, ce choix d'aller vers des histoires
et des récits qui procurent cette impression,
narrativement et esthétiquement parlant ?

2016년 말 한국의 작은 도시 전주에서 실제로 있었던
사건입니다. 대기업 통신회사의 콜센터로 현장실습을 나간
고등학생이 3개월 만에 스스로 목숨을 끊었습니다. 명백한
자살이었지만 유가족과 노동계에서는 산재사망사고라고
주장했습니다. 하지만 그 대기업은 사망한 학생이 일했던 곳은
본사가 아니라 하청업체였다며 자신들의 책임이 아니라고
주장했습니다. 그러나 콜센터의 극심한 감정노동 실태와 열악한
업무환경이 드러났고 이는 본사의 묵인 혹은 지시를 받고 있다는
사실이 폭로됐습니다. 많은 이들이 분노하였습니다. 여론에
못 이긴 대기업이 끝내 사과하고 개선하겠다고 약속했습니다.
이후 관련법률 하나가 개정되었습니다. 고객과의 상담내역이
녹음되고, 욕설이나 성희롱 등 부적절한 언행은 형사 처벌될
수 있다는 고지를 하는 것. 사건은 그것으로 종결되었습니다.
이 모든 일이 대한민국 대통령 탄핵 심판과 새 대통령 선거
기간 동안 일어났습니다. 나는 당시에 몰랐습니다. 2020년
말 작품 제의를 받고서야 그때 이런 일이 있었다는 것을 알게
되었습니다. 당시 기사들을 찾아보고 이슈가 되었던 시사 고발
프로그램을 보고 나서야 구체적인 사실들을 알게 되었습니다.
　　그리고 아주 순수한 질문이 남았습니다. '왜 고등학생이
이런 데서 일을 하지?' 이 질문 하나는 많은 것을 담고 있습니다.
경험이 많은 성인도 견디기 힘든 극심한 노동을 아이들이

감당한다는 것. 그 일이 윤리적으로 바람직하지 않다는
것. 그리고 이 모든 것이 공적인 시스템인 교육제도 안에서
이루어지고 있다는 것. 도대체 어떻게 이런 일이 가능한지
알아보고 싶었습니다. 무엇보다 이해하고 싶었습니다. 어쩌면
이 영화의 이야기를 쓰고 완성해 가는 과정은 도무지 납득이
안 됐던 일을 내가 이해하고 결국 우리 사회 전체의 모습을
파악해 가는 과정과 다름없었습니다. 그리고 그 과정은
고통스러웠습니다. 온전한 이해의 끝에는 아무 상관없는 것
같았던 내가 실은 이러한 일들을 반복해서 일어나게 하는
전체의 일원이었다는 사실이 남았습니다.

　　　　내가 영화에서 가장 중요한 것으로 생각하는 것은
영화적인 순간을 찾는 것입니다. 그리고 이 순간의 백미는
지극한 현실성입니다. 그 이유는 영화가 결국에는 '감정'을
다루고 있기 때문입니다. 각종 요소와 구체적인 상황들을 최대한
사실적인 것들로 채우면서 그곳에서 일어나는 감정들을 타협
없이 현실적인 것으로 만들기 위해 노력했습니다. 그래야만
영화적인 순간이 운신할 자리가 생깁니다. 내가 영화를 사랑하고
영화의 힘을 믿는 이유이기도 합니다. 그러면 주인공들이 느끼는
지극히 사적인 감정이 여타의 설명이나 정보 없이 곧바로
관객들에게 전해지는 마법이 일어납니다. 나에게는 가맥집의
빛줄기를 바라보는 소희와 유진의 순간이 그러한 장면입니다.
죽은 아이의 얼굴을 내려다보는 유진의 다른 얼굴도 그러한
순간입니다. 이야기는 필연적으로 이 장면들에 이르고, 과장
없이 있는 그대로의 미묘한 감정을 담기 위해 영화적인 모든
요소를 동원했습니다.

　　　　Le film est inspiré d'un fait-divers qui s'est
passé fin 2016, dans une petite ville de Corée du
sud, Jeonju. Une lycéenne, qui suivait une formation
professionnelle dans un centre d'appel pour une grande

entreprise de téléphonie, est décédée au bout de trois mois. Il ne faisait aucun doute qu'elle s'était suicidée. Pourtant, sa famille et les syndicats, ont affirmé qu'il s'agissait d'un accident du travail. L'entreprise en question a fui devant ses responsabilités, en soulignant que le centre d'appel où elle travaillait n'était pas géré par le siège social, mais par un sous-traitant. Aussitôt, les conditions de travail dégradantes du centre ont été révélées, ainsi que le fait que c'était bel et bien le siège social qui tenait les ficelles. L'indignation envers cette entreprise a été très violente, et des excuses ont finalement été présentées, avec la promesse d'améliorer les conditions de travail. Suite à cela, la loi a été modifiée. Dorénavant, on notifie aux clients que toutes les conversations sont enregistrées, et que les propos inappropriés, tels que les menaces ou le harcèlement sexuel, peuvent faire l'objet de sanctions pénales. L'affaire s'est terminée ainsi. Tout cela, avait eu lieu pendant le procès en destitution de la présidente sud-coréenne, Park Geun-hye, puis de l'élection du nouveau président. À cette époque-là, je n'étais, moi-même, pas au fait de cette affaire. Je n'en ai pris connaissance qu'à la fin de l'année 2020, lorsque l'on m'a proposé de faire un film dessus. J'ai alors immédiatement débuté les recherches. Les articles de presse et les reportages télévisés m'ont beaucoup aidé à cerner les faits.

Je me suis retrouvée face une vraie question. « Pourquoi des lycéens travaillent-ils dans un endroit pareil ? » Ce questionnement implique, en effet, beaucoup de choses. Notamment que des enfants sont soumis à un travail extrême, auquel même des adultes expérimentés ne résisteraient pas. Ce n'est évidemment pas acceptable d'un

point de vue éthique. Or, cela s'organise au sein même
de l'Éducation Nationale… J'avais envie de savoir comment
c'était possible une chose pareille… J'avais besoin de
le comprendre. Pour moi, entamer l'écriture du scénario,
et achever le récit du film, n'était rien d'autre qu'un
chemin que je devais emprunter afin de trouver une réponse
à cette question, et de pouvoir appréhender les maux de
notre société dans son ensemble. C'était assez douloureux.
Ce chemin m'a appris que, moi, qui me croyais étrangère
à cette affaire, faisais partie intégrante du système,
contribuant à générer de tels drames à répétition.

Ce qui m'importe le plus dans le cinéma, c'est
de trouver des moments cinématographiques. Et le
paroxysme de tout cela, se trouve dans les séquences
purement réalistes. Car, le cinéma traite du 'sentiment'
avant tout. Dans mon film, j'ai donc essayé au maximum
de tirer parti du réel afin de procurer un sentiment
proche de la réalité. Cela donne une place aux moments
cinématographiques. C'est la raison pour laquelle j'aime
le cinéma, je crois en son pouvoir. C'est ainsi que les
sentiments des personnages se transmettent au public, nul
besoin d'ajouter des explications ou des informations.
C'est la magie du cinéma. Pour moi, les séquences où Sohee
et Yoo-jin regardent chacune un rayon de soleil, depuis le
même endroit, mais à un moment différent, font partie de
ces moments. Tout comme le visage de Yoo-jin face au corps
de Sohee. Ce sont des scènes clés, fonctionnant comme
un pivot autour duquel l'histoire avance. Pour arriver à
cela, j'ai mis en place des dispositifs cinématographiques
simples, afin de susciter une émotion subtile, sans
exagération.

〈다음 소희〉에서 다루는 주제와 이야기가 왜
중요하다고 생각하셨습니까? 이 이야기의 어떤
요소가 감독님에게 작품으로 만들고 싶다는 생각을
들게 한 것입니까? 그 이후엔 어떻게 이 이야기가
지금 작품에서 보이는 대로 발전되고 구성되었나요?

Comment le sujet et l'histoire que
raconte *Next Sohee* se sont imposés à vous
? Quel a été l'élément déclencheur de cette
histoire qui vous a donné l'envie d'en faire un
film ? Comment ensuite cette histoire s'est
développée et a pris une forme, telle que nous la
voyons dans le film ?

'왜 고등학생이 이런 데서 일을 하지?'에서 출발한 이야기는
결국 비슷한 죽음들을 반복케 하는 우리 사회에 대한 이해로
나아갔습니다. 소희의 죽음이 가장 큰 사건입니다. 나는 그
죽음 자체와 더불어 죽음 이후의 참담함에 대해서 말해야만
했습니다. 정작 그 죽음이 애도 되는 것이 아니라 어떻게 더욱
참담해지는지를요. 내게는 이 지점이 소희의 죽음만큼이나
가슴 아프고 비극적이었습니다. 이 이야기를 반드시 영화로
만들어야겠다고 결심했던 이유이기도 하고요. 그러면서
트리트먼트 초기에 2부로 나뉜 구성과 두 주인공, 오프닝과
엔딩, 다음 소희라는 제목이 거의 동시에 자리 잡았고 이로써
주제가 온전해졌습니다.

영화적으로 부담스러운 결단이기도 합니다. 이 낯선
구성을 어떻게 영화 형식 안에서 필연적인 이야기로 완성할지
고심했습니다. 감정의 완급을 조율하면서도 긴장을 잃지 않고
사건을 전개 시켜 나가기 위해 노력했습니다. 이 구조 안에서 두
주인공은 잠깐 마주칩니다. 그리고 같은 공간 다른 시간에 각자
다다릅니다. 결코 함께하고 있지는 않지만 결국에는 두 사람이
마주한다는 느낌을 갖게 되길 바랐습니다. 유진이 가맥집에

두 번 방문합니다. 그리고 시체 안치실에도 두 번 방문합니다.
가맥집에는 소회가 없고 시체 안치실에는 사실 소회가 있습니다.
죽은 소회가요. 각각 첫 번째의 방문과 두 번째의 방문이
다릅니다. 이 구조로 인해 같으면서도 다른 그 차이에서 오는
안타까움이 끝내 감정이 되어 관객들께 남기를 바랐습니다.

Cette histoire, qui part d'une simple question,
« pourquoi des lycéens travaillent-ils dans un endroit
pareil ? », parle finalement d'une société qui reproduit
des morts similaires. La mort de Sohee est un drame. J'ai
dû évoquer non seulement son décès, mais aussi la nature
effroyable de la société dans son ensemble, qui n'hésite
pas à souiller la défunte pour se dédouaner. Pour moi, c'est
aussi tragique et déchirant que la disparition elle-même.
C'est ce qui m'a poussé à faire ce film. En y repensant,
j'ai trouvé la structure du film : raconté en deux temps,
les deux personnages principaux, le début et la fin,
ainsi que le titre, presque de manière simultanée. C'est
qu'à partir de ce moment-là que le sujet m'est apparu
pleinement.

Développer un récit en deux temps est une décision
périlleuse pour un film. J'ai beaucoup réfléchi à comment
utiliser cette structure peu familière, pour raconter
cette histoire. En écrivant le scénario, j'ai essayé de
maîtriser le haut et le bas des émotions, tout en gardant
une tension constante. Au sein de cette structure, les
deux protagonistes se croisent d'abord furtivement. Puis,
elles se rendent, chacune à des moments différents,
dans le même endroit. Bien qu'elles ne soient jamais
véritablement ensemble, j'espérais qu'elles puissent avoir
le sentiment d'être face à face. Yoo-jin se rend, par
exemple, deux fois à la supérette, ainsi qu'à la morgue.

Dans le premier lieu, Sohee n'est pas là. Dans le second,
elle est présente, mais morte. Ces deux visites, de chaque
endroit, sont différentes. À travers cette structure
en doublons, je souhaitais que le public expérimente un
sentiment de regret qui va en s'amplifiant.

⟨도희야⟩와 ⟨다음 소희⟩ 사이에는 비슷한 점도
있고 다른 점도 있습니다. 유사점에 대해서 얘기해
보자면, 첫 번째 작품에서 가족 안에서의 괴롭힘,
그리고 이번 작품에서는 직장 내 실습생들을 향한
괴롭힘이 있습니다. 또, 이 희생자(어린 여성들)를
보호할 수 있는 위치에 있는 또 다른 여성(전
작품에서는 경찰, 지금은 형사)이 나옵니다. 그런데,
첫 작품에서는 같은 시간에 사건이 벌어진다면
(두 주인공이 만나는 설정), 이번에는 주인공들이
두 개의 서로 다른 시간대에 나뉘어 등장합니다.
여기에 대해서 부연 설명을 해주실 수 있을까요?

Il y a des similitudes et des différences
entre *A Girl at my Door* et *Next Sohee*,
notamment pour ce qui est de la similitude, la
question du harcèlement, dans un cadre familial
(votre premier film) et ici, dans le cadre du monde
du travail, d'un stage pour une élève. Il y aussi,
face à cette victime féminine (des jeunes filles)
une femme qui protège, ayant un statut pour
cela (policière avant, détective, ici). Sauf que dans
le premier film, cela se passait dans le même
temps (rencontre entre les deux personnages)
alors qu'ici dans deux temps différents ou
séparés, ou deux parties. Pouvez-vous nous en
dire plus ?

글쎄요… 그렇습니다. 같은 점도 많고 다른 점도 있습니다.
소녀와 성인 여성의 이야기입니다. 두 사람은 그리고 공히
스무 살 정도 차이가 납니다. ⟨도희야⟩는 완전한 허구의

이야기이고 〈다음 소희〉는 현실에서 길어 올려진 이야기입니다. 주인공들에게는 도무지 어떻게 해볼 수 없는 현실이 있습니다. 절망적이고 아득하기만 합니다. 그런데 각각의 이야기에서 두 여성의 만남은 어쩌면 서로를 더 힘들게 할 뿐입니다. 〈도희야〉에서는 이 요소가 직접적으로 이야기를 전개 시킵니다. 서로의 존재 자체가 서로를 비극으로 몰아갑니다. 〈다음 소희〉에서는 다르게 작동합니다. 두 사람은 직접 만날 수 없으니까요. 오히려 소희는 유진을 만나지 못했습니다. 한 번 마주친 적이 있지만 오히려 이 스침이 둘의 마주하지 못함을 더욱 강조한다고 할까요. 소희의 비극에는 유진의 부재가 물밑에서 작동하고 있습니다. 하지만 이것은 구체적인 인물이라기보다 유진으로 대변되는 누군가 혹은 우리 사회라고도 할 수 있겠습니다. 그 부재가 소희를 죽게 합니다. 한편, 유진은 이미 죽은 소희가 계속해서 그녀를 힘들게 합니다. 그 자취를 쫓을수록 분노에 치닫지만 끝내는 좌절합니다. 무력한 자신을 확인할 따름입니다. 유진은 스스로 아무 잘못한 것 없이 고초를 겪습니다. 소희 때문입니다. 그러나 한편으로는 소희가 죽고 없기 때문이기도 합니다.

나는 두 영화에서 모두 독보적인 비극을 다루고 싶었습니다. 그리고 공히 그다음으로까지 나아가고 싶었습니다. 〈도희야〉에서는 끔찍한 선택을 한 도희를 영남이 이해할 수 있을지를 탐구했습니다. 그럼에도 불구하고 두 사람이 함께할 수 있는지를 생각해 보았습니다. 그렇게 영화는 사라지지 않고 두 인물과 함께 살아갈 거라고 믿습니다. 〈다음 소희〉에서는 가장 큰 비극인 소희의 죽음을 의심의 여지 없이 다뤘습니다. 그리고 그보다 더 큰 암담함으로 유진이 느꼈을 무력감을 다뤘습니다. 그러면서 한편으론 유진이라는 인물의 존재 자체가 남을 거라고 생각했습니다. 소희의 다음에 올 아이들을 걱정하는 유진. 나는 그 존재가 소희를 잃은 우리가 여기에 주저앉지 않고 이다음을 생각하게 하는 희망이 되길 바랐습니다.

Et bien… Il y a des similitudes et des différences. Dans les deux cas, il s'agit de l'histoire d'une jeune fille et d'une femme, qui ont environ 20 ans d'écart. *A Girl at my Door* est une fiction tout court, *Next Sohee* est tiré d'une histoire vraie. Les personnages principaux se trouvent face à une situation sans espoir qui les dépassent. Cependant, la rencontre entre les deux femmes, dans chaque histoire, rend la situation encore plus difficile. Dans *A Girl at my Door*, c'est justement cet élément qui fait avancer l'histoire. C'est l'existence de l'une qui conduit la vie de l'autre à la tragédie. Quant à *Next Sohee*, cela fonctionne différemment. Car les deux protagonistes ne peuvent véritablement se rencontrer. Elles se croisent une fois dans le film, mais c'est un évènement furtif, qui est justement là pour souligner l'impossibilité qu'elles se retrouvent l'une en face de l'autre. Ce qui arrive à Sohee et l'absence de Yoo-jin sont intrinsèquement liés. En fait, ce n'est pas tant de l'absence de Yoo-jin qu'il s'agit, mais de ce qu'elle représente, de l'absence de la société. C'est cette absence qui fait mourir Sohee. De son côté, Yoo-jin continue d'être hantée par la mort de Sohee. Plus elle suit sa piste et plus elle est affectée par la rancœur. À la fin, elle finit complètement désarmée, constatant sa propre impuissance. Yoo-jin, qui n'a rien fait de mal, souffre à cause de Sohee. Qui, elle-même, souffrait de l'absence de cette dernière.

Si j'ai choisi de traiter des drames originaux dans mes deux films, c'est parce que je songeais à ce qui suit après. Dans *A Girl at my Door*, je voulais réfléchir à comment Young-nam pouvait accepter la décision prise par Dohee. Et s'il était raisonnable d'imaginer qu'elles puissent continuer à être ensemble, malgré tout. En fait, je suis convaincu que le film et ses deux personnages poursuivent leur vie, d'une manière ou d'une autre. Quant à *Next Sohee*, j'ai voulu traiter frontalement la mort tragique de Sohee avec l'impuissance de You-jin face à ce drame. Et là encore, je pense que le personnage de You-jin va rester. Qu'elle va continuer à se sentir concernée par le sort des enfants qui pourraient suivre le même chemin que Sohee. En fin de compte, j'espérais que son existence soit un espoir pour nous tous, qui avons perdu Sohee, mais qui, grâce à elle, regardons à présent vers l'avenir.

> 감독님은 〈도희야〉와 〈다음 소희〉 시나리오를
> 집필하셨습니다. 시나리오를 쓰는 시간은 작품을
> 구상하시는 데 있어서 감독님께 중요한 과정입니까?
> 왜 혼자서 시나리오를 쓰십니까?
>> Vous avez écrit seule *A Girl at my Door*,
>> ainsi que *Next Sohee*. Le temps l'écriture du
>> scénario est un moment important pour vous
>> dans l'élaboration d'un film ? Pourquoi écrivez-
>> vous seule ?

첫 질문에 왜 8년이나 걸렸냐, 그동안 어떤 어려움이 있었냐고 물어보셨는데 어쩌면 이것과 이어지는 대답을 드려야겠습니다. 영화를 생각하는 것 자체가, 나는 시나리오를 쓰는 것입니다. 만들고 싶은 영화를 최초의 언어로 표현하고 궁극적으로 만들고자 하는 영화의 모습을 온전히 시나리오에 담습니다. 인물들과 사건, 상황이 글로 표현되지만, 거기엔 분위기, 감정과 정서 등 완성된 영화의 본체가 들어있습니다. 하지만 언제나

여백이 있습니다. 글로 표현되어 전달되는 것들을 그려보며
여백들로 상상합니다. 그 상상이 곧 영화화의 과정이라고
믿습니다. 지금까지 세 편의 시나리오를 썼고 그중에 두 편을
영화로 완성하였습니다. 마침내 시나리오를 마쳤을 때의 그
희열은 대단합니다. 영화를 완성했을 때의 성취감과는 또
다릅니다. 어쩌면 완성될 영화의 모습을 미리 만난 기쁨이기도
할 것입니다. 그리고 아주 배타적으로 온전히 혼자서
만끽합니다. 물론 아시다시피 그 과정은 대단히 고통스럽습니다.
지금은 다른 방식으로 시나리오를 써보는 게 어떨까 하는
생각도 합니다. 협업의 과정이요.

Vous m'aviez demandé pourquoi il a fallu huit
ans pour sortir mon deuxième long-métrage, et quels
genres de difficulté j'avais rencontré pendant ce temps-
là. Je pense que ma réponse sera un peu liée à cette
première question. Pour moi, penser un film revient à
écrire le scénario. Je coule d'abord ma pensée dans les
mots. Je projette entièrement le film que je veux faire
dans le scénario. Les personnages, les évènements, les
situations sont exprimés par écrit, et cela contient déjà
le corps principal du film. Certes, il y a toujours des
lacunes. Mais ce sont justement elles qui me permettent
d'imaginer davantage. Je crois que c'est ce processus
d'imagination qui consiste en la fabrication du film.
Jusqu'à maintenant, j'ai écrit trois scénarios de long-
métrages, et deux d'entre eux ont rencontrer le public.
Terminer un scénario me procure un immense plaisir. Très
différent du sentiment d'accomplissement qui accompagne
l'achèvement d'un film. C'est peut-être une sorte de joie
anticipée, en pensant au film qui sera présenté plus tard.
Ce plaisir, j'en jouis pleinement, toute seule. Bien
sûr, comme vous le savez, ce processus est atrocement

douloureux. À présent, je songe à écrire un scénario d'une manière différente. En collaboration.

〈다음 소희〉는 노동 시장과 그 작동 방식에 대한 신랄한 비판을 담고 있습니다. 물론 이 노동 시장 구조의 이면에는, 그만큼 또는 그 이상으로, 이에 암묵적으로 동조하며 명분, 특히 이익을 추구하는 자유주의 학교 시스템이 있습니다. 이 작품의 힘은 학생들보다 자유주의 시장 이익구조에 편승하는 교육 시스템을 비판하는 서사와 정치적 해석들에 있다고 봅니다. 이것이 이 작품의 목적, 또는 작품을 전달하고자 한 의도인가요?

Dans *Next Sohee*, il y a une violente critique du monde du travail et de son mode de fonctionnement et derrière celui-ci, tout autant voire sinon plus, du système scolaire libéral, complice de tout cela, au nom de son image et surtout de ses intérêts. Toute la force du film, de son récit et de la lecture politique de la réalité décrite, vient de la condamnation d'un système scolaire qui privilège ses intérêts, allié objectif d'une économie libérale, au détriment des élèves. Est-ce la visée ou le propos de votre film ?

분명한 정치적인 의도나 시급히 전달하고 싶은 사회적 메시지를 갖고 영화를 만들지는 않았습니다. 그저 내가 도저히 이해되지 않는 것들에 대한 탐구가 결국 우리 사회가 작동하고 있는 방식에 대한 이해로 나아갔을 뿐입니다. 나와는 전혀 상관없는 일이라고 여겼던 사건들이 어떻게 나와 연관되어 있는지를 깨닫게 되는 과정이기도 했습니다. 대통령을 탄핵하고 새 대통령을 선출하는 일이, 학교에서 시킨 일을 하다가 고등학생이 죽은 일보다 나와 더 연관된 일일까? 과연 그러할까? 그 거리감에 대해서도 들여다보고 싶었습니다. 구체적인 하나의 사건을 최대한 여러 방향에서 들여다보니 모든 것은 연관되어

있었습니다. 학교에서 학생을 끔찍한 노동의 현장으로
몰아넣고는 무슨 일을 하고 있는지도 모르는 현실. 아무 느낌
없는 수치들을 나열하며 그것들에 지배당하고 있음을 떳떳이
자인하는 모습. 나는 그 뻔뻔함에 경악했습니다. 그리고 그렇게
뻔뻔할 수 있다는 사실이 가장 흥미를 끈 대목이기도 합니다.
개개인으로 들어가면 선량한 이들이 어쩌다 무지의 공모자가
되었는가. 그리고 아무렇지도 않게 피해자를 탓하는가.
그런데 그것은 특정한 누군가만의 사례가 아니었습니다.
이 시스템에 복무하는 모두가 묵언의 동조자이고 외면한
당사자들이었습니다. 나 역시.

　　　정치적이고 사회적인 논의는 영화 밖에서 얼마든지
일어날 수 있다고 생각합니다. 하지만 나는 그저 최선을 다해
영화를 만들었습니다. 한 아이의 비극적인 죽음을 들여다보고
그 죽음이 비단 그 아이에게서 그치지 않고, 이전에도 이후에도
반복될 수밖에 없는 현실에 대한 이해를 담았습니다. 오직
의도가 있었다면 이미 죽고 없는 그 아이가, 아니 그 아이들이
망각 되지 않고 영화 속 소희로 살아남기를 바랐습니다.
오래도록 잊혀지지 않는 이름이 되기를.

　　　Je n'ai pas fait ce film pour mes convictions
politiques ou pour faire passer un message social urgent.
Simplement, j'ai exploré des choses que je n'arrivais pas
à comprendre. Cela m'a amené à voir comment notre société
fonctionne. C'était un processus à travers lequel j'ai
aussi réalisé, que j'étais plus impliquée que ce que je
le pensais. Suis-je plus concernée par la destitution de
la présidente et l'élection d'un nouveau président, que
par la mort d'une lycéenne ? Est-ce vraiment le cas ?
J'ai aussi voulu me pencher sur cette notion de distance.
Après avoir examiné ce fait-divers sous autant d'angles,
j'ai compris que tout était lié. Dans une société où

les gens affichent leur fierté en se laissant dominer par les chiffres, il est normal que l'école envoie des étudiants sur des lieux de travail aussi terribles, sans aucun scrupule. J'ai été consternés par l'inconséquence des gens. Mais en même temps, leur lâcheté a attiré mon attention. Ces individus, si gentils… comment sont-t-ils devenus les complices de ce système ? Et, en plus, ils blâment la victime ! J'ai fini par comprendre que cela ne concernait pas seulement les quelques personnes directement mises en cause, mais toutes celles qui font partie du système. Dont moi-même. Je pense que les discussions politiques et sociales peuvent avoir lieu en dehors du film. Moi, j'ai fait de mon mieux pour réaliser un film qui parle de la mort tragique d'un enfant. Cela m'a renseigné sur la société et son fonctionnement qui continue d'occasionner des morts similaires. Mon seul souhait est que tous ces enfants disparus, ne soient pas oubliés, et qu'ils restent vivants à travers Sohee.

감독님의 전 작품은 이창동 감독님이 제작을 하셨습니다. 이 감독님과 마찬가지로, 정 감독님도 명확한 주제와 사건 (〈시〉는 한 소녀의 자살을 중심으로, 학교 내에서 그런 일이 벌어질 수 있었던 원인과 결과를 찾아간다.)을 면밀히 관찰하면서 현 사회의 아픈 점들을 좀 더 넓은 관점에서 이야기하는데 관심을 가지고 있는 것 같습니다. 감독님에게 이창동 감독님은 중요한 분이셨고, 지금도 중요한 분이신 가요?

Votre précédent film a été produit par le cinéaste Lee Chang-dong. Comme lui, vous êtes soucieuse, à travers des sujets et des faits précis (tout Poetry tourne autour du suicide d'une jeune fille, de ses raisons et conséquences, au sein du système scolaire), d'observer les maux qui

이창동 감독님은 천방지축 아무것도 모르는 저를 처음부터
하나하나 가르쳐 주신 분입니다. 감독님을 직접 만나기 전에는
그의 영화들로부터 배웠습니다. 〈도희야〉 시나리오를 쓰며 처음
만났고, 거친 상상력과 영화적인 야심만 가득했던 저를 오직
가능성만 보고 선택해 주셨습니다. 제작까지 직접 맡으시며
모든 힘을 실어 주셨고요. 시나리오를 완성하고 본격적으로
프로덕션을 준비해서 촬영에 들어가고 편집 등 후반작업을
거쳐 영화를 완성하기까지 모든 단계에서 가장 중요하고 필요한
것들을 정확하게 알려주셨습니다. 무엇보다 영화를 만드는
본질에 관한 것. 늘 관객을 염두에 두고 작업해야 한다는
철학과 언제나 영화적인 순간을 찾고 이를 가장 효과적으로
표현해낼 수 있는 방법을 늘 고민하는 자세는 전적으로 이창동
감독님으로부터 보고 배운 바입니다. 그 이후 혼자 시나리오를
쓰고 영화를 준비하며 어쩐지 길을 잃은 것 같을 때, 이창동
감독님의 가르침을 떠올렸습니다. 감독님이라면 어떻게 하실까
생각해 보기도 합니다. 〈도희야〉 제작을 결정하시며 저에게
하셨던 말씀이 있습니다. '비록 작지만 큰 울림을 줄 수 있는
의미 있는 이야기라고 생각한다. 여건이 어렵겠지만 한번 만들어
보자.' 그 말씀에 많은 것이 들어있었습니다. 그렇게 첫 영화를
완성하고 드디어 관객들을 만난 후에야 깨달았습니다. 아무리
작고, 적은 수의 사람들에 관한 이야기일지라도 묵묵히 해내면
어딘가 누군가에게 가 닿는다는 것을. 그것이 영화의 힘이라는
것을.

C'est Lee Chang-dong qui m'a tout appris depuis
le début. Avant de le connaître, j'apprenais de ses films.
Je l'ai rencontré la première fois pendant l'écriture
du scénario de *A Girl at my Door*, il a fait confiance à

ma capacité d'imagination maladroite et à mon ambition cinématographique. Il a pris en main la production de mon film et y a mis toute son énergie. De l'écriture du scénario jusqu'à la finalisation du film, en passant par la pre-production, le tournage, le montage… À chaque étape, il m'a expliqué en détail les points les plus importants. Par-dessus tout, il m'a appris l'essence même de la fabrication d'un film. Il faut toujours penser au public et il ne faut jamais cesser de réfléchir pour trouver des moments cinématographiques, et les moyens les plus efficaces pour les exprimer. Quand je me sens perdue lors de l'écriture d'un scénario ou du tournage, je me remémore ses conseils. J'essaie d'imaginer ce qu'il ferait s'il était à ma place… Lorsqu'il a décidé de produire *A Girl at my Door*, il m'a dit ceci : « *Je pense que cette histoire aura des résonances. Elles seront petites mais profondes. Les conditions de production ne seront pas aisées, mais travaillons ensemble pour y arriver.* » Ça, je ne l'ai compris qu'après avoir rencontré le public de *A Girl at my Door*. Peu importe la taille de la production, peu importe le nombre de personnes concernées par l'histoire, si nous continuons notre chemin, il y aura toujours quelqu'un pour reconnaître le travail accompli. C'est ça, le pouvoir du cinéma.

배두나 씨는 감독님의 첫 번째 영화에서 경찰 역을 맡았고, 이번에는 형사 역을 맡았습니다. 두 가지 질문이 있습니다. 〈도희야〉 때 어떻게 배두나 씨와 함께 일을 하게 되었습니까? 배두나 씨를 특정 작품에서 보고 함께 일하고 싶다는 생각을 한 것인가요? 특히 봉준호 감독의 〈플란다스의 개〉에서 배두나 씨는 정말 훌륭합니다. (정주리 감독님은 〈나의 플래시 속으로 들어온 개〉라는

215

단편을 연출하셨습니다.) 그리고 어떤 이유에서
배두나 씨와 두 번째 작품도 함께 하고 싶었나요?
    Bae Doona joue le rôle de la détective
après avoir interprété celui de la policière dans
votre précédent film. Deux questions. Comment
et pourquoi avez-vous été amenée, au temps de
A Girl at my Door, à travailler avec elle ? Est-ce
après l'avoir vu dans un film en particulier ? Dans
Barking Dogs Never Bite (2000) de Bong Joon-Ho
où elle est formidable (vous avez fait un film court
qui s'appelle *The Dog That Came Into my Flashlight*)
ou un autre film ? Ensuite, pour quelles raisons
avez-vous souhaité continuer de travailler avec
elle ?

완전한 신인 감독이었던 나는 당시에 내가 배두나 같은
톱스타와 작업하게 되리라곤 상상도 하지 못했습니다. 그런데
우연히 〈코리아〉라는 영화를 봤습니다. 배두나 배우의 당시로서
최근작이었어요. 과거 올림픽에서 남북한이 탁구 단일팀으로
출전한 실화를 다뤄 화제가 된 영화였습니다. 배두나 배우는
거기서 북한 선수 리분희를 연기했습니다. 영화가 시작하고
오프닝 시퀀스에 탁구채를 든 배두나의 스틸 장면이 나왔습니다.
순간 멈춤 버튼을 눌렀습니다. 탁구채를 들고 무표정하게
이쪽을 보고 있는 그 얼굴을 보자마자 이 사람이다 싶었습니다.
그때까지 내가 아는 톱스타 배두나가 아니라 지금 당장 영남을
연기해야 하는 배우라는 남다른 절박함이 밀려왔습니다. 이창동
감독님께 말씀드렸고 당시에 독일에서 워쇼스키 자매의 영화를
찍고 있던 배우에게 이메일로 시나리오가 전달됐습니다. 그리고
정확히 3시간 후에 하겠다는 답이 왔습니다.
    〈다음 소희〉의 유진은 오랜 병환 끝에 어머니가
돌아가신 후 갑작스럽게 업무에 복귀한 경찰입니다. 지칠 대로
지치고 피곤한 그녀는 이제 막 이사 온 집에서 짐 박스조차 풀

여유가 없습니다. 남의 일에는 도통 관심이 없고, 남이 나를 어떻게 보는지도 전혀 신경 쓰지 않는 인물입니다. 어쩌면 제멋대로 사는 모습이 소희와 비슷해 보일지도 모르겠습니다. 때론 욱하는 성질도 비슷합니다. 소희를 캐스팅하기에 앞서 나는 '유진' 역으로 오직 배두나를 생각하고 있었습니다. 주인공이 죽고 영화 딱 중간에 등장해도 자기만의 아우라를 가지고 관객들을 사로잡을 수 있는 인물. 전작을 함께 한 인연과 그 당시의 황홀한 기억을 넘어서서, 배두나는 이러한 엄중한 임무를 맡아 이 영화를 완성할 수 있는 제가 아는 유일한 배우입니다. 무엇보다 그녀가 독보적으로 표현해낼 유진의 세밀한 감정들에 대한 기대와 믿음이 있었습니다.

　　　시나리오 작업을 마치자마자 배두나 배우에게 이메일로 시나리오를 건넸고, 다음날 만나자는 연락을 주었습니다. 며칠 후 사무실에서 만났을 때 그러니까 〈도희야〉 이후로 거의 7년 만에 다시 만났는데, '시나리오를 받아서 첫 두 줄만 읽어도 알 수 있다. 아 정주리 감독 글이구나'라고 말해주었습니다. 나는 단언할 수 있습니다. 배두나는 나의 글을 가장 잘 알아 봐주는 사람입니다. 7년 동안 꾸준히 연락을 주고받거나 하지 않았습니다. 우리는 말 그대로 7년 만에 다시 만났습니다. 그런데 오직 시나리오만 읽고, 이 사람은 알아봅니다. 내가 어떤 이야기를 어떻게 하고 싶은지. 궁극적으로 만들고 싶은 영화의 모습을 단번에 파악합니다. 시나리오를 마쳐 놓고 사실 불안했습니다. 너무 오랜만에 쓴 탓에 이런저런 걱정들이 있었습니다. 그러나 이날의 이 한마디로 나는 시나리오에 대해서 그리고 앞으로 만들 영화에 대해서 완전한 자신감을 가졌습니다. 그 누구의 이런저런 지적에도 전혀 흔들리지 않았습니다. 돌이켜보면 〈도희야〉 때도 마찬가지였습니다. 당시 말 그대로 듣도 보도 못한 신인 감독이었던 저를 오직 시나리오만 보고 같이하자고 했습니다. 얘기 한번 나눈다거나 나에 관해서

뭘 알아본다거나 한 것 전혀 없어요. 오직 시나리오만 보고
이 영화가 반드시 극장에 걸려야 한다는 일념으로 선택해
주었습니다. 당시 나에게는 이러한 것이 부담스럽다기보다
순전한 자신감을 주었습니다. 이 멋진 배우가 나와 내 영화를
선택했다는 자부심이 영화를 만드는 내내 가장 큰 힘이
되었습니다. 서로에 대한 믿음을 바탕으로 〈다음 소희〉의
배두나는 영화를 준비하고 촬영하고 완성하는 동안 내내 저의
가장 강력한 동지였습니다. 너무나 어렵고 까다로운 배역인
유진 역을 연기하는 배두나 그리고 뜻을 함께하고 무엇보다
정확한 눈으로 영화의 본질을 꿰뚫어 보는 나의 동지.

A l'époque, en tant que jeune réalisatrice, je
n'imaginais pas pouvoir travailler avec une star comme Bae
Doona. Puis par hasard, j'ai vu un film intitulé, *Korea*.
C'était le dernier film sorti dans lequel elle jouait. Il
raconte l'histoire vraie de l'équipe féminine de tennis
de table, formée par les deux Corées, qui a participé aux
Jeux olympiques. Bae Doona y joue le rôle de Ri Bun-hui,
la joueuse nord-coréenne. Lorsque j'ai vu son image à
l'ouverture du film, j'ai appuyé sur le bouton pause. Un
visage complètement inexpressif, une raquette de tennis
de table à la main, le regard droit dans l'objectif. C'était
elle ! Ce n'était pas la star Bae Doona que je voulais,
mais le personnage de Young-nam ne pouvait être incarné
que par cette actrice. J'en ai parlé à Lee Chang-dong et
nous lui avons envoyé le scénario par mail, alors qu'elle
était en tournage en Allemagne avec les Wachowski. Trois
heures plus tard, nous avons reçu une réponse positive.

Dans *Next Sohee*, elle incarne You-jin, une
policière qui vient de reprendre le travail après avoir
perdu sa mère, suite à une longue maladie. Complètement
épuisée, elle n'arrive même pas à trouver la force

pour déballer les cartons de son déménagement. Elle ne s'intéresse à personne et ne se soucie guère du regard des autres. Peut-être que, par ce côté *'je m'en foutiste'*, elle ressemble à Sohee. En tout cas, on voit bien qu'elles ont toutes les deux le sang chaud. Avant de trouver l'actrice pour Sohee, j'avais déjà Bae Doona en tête pour le rôle de You-jin. Car, j'avais besoin d'une actrice capable de captiver le public simplement avec son aura, même si elle n'apparaît qu'au milieu du film, après la mort du personnage principal. Au-delà des beaux souvenirs que j'ai eus avec elle, durant le tournage de mon précédent film, je pense qu'elle est la seule actrice qui puisse assumer une telle tâche. Surtout, je lui faisais entièrement confiance pour exprimer avec subtilité les sentiments de You-jin.

Dès que j'ai fini le scénario, je lui ai envoyé un mail. Elle m'a répondu le lendemain pour m'accorder un rendez-vous. Quelques jours plus tard, nous nous sommes retrouvées à la production, 7 ans après *A Girl at my Door*. Ce jour-là, elle m'a dit : « *Dès la deuxième ligne du scénario, j'ai reconnu ton style* ». Je suis persuadée qu'elle est la seule à comprendre aussi bien mon écriture. Même si nous ne nous étions pas vus depuis 7 ans, elle a su saisir tout de suite mes intentions. Comment je voulais raconter cette histoire, quel genre de film je cherchais à faire… À vrai dire, à la fin du processus d'écriture, j'étais très inquiète. Comme ça faisait longtemps que je n'avais pas écrit, je me souciais de beaucoup de choses. Mais grâce à Bae Doona, j'ai pu reprendre confiance dans mon scénario, et dans le film que je souhaitais réaliser. À partir de là, je ne me suis laissée influencer par aucune critique, de qui que ce soit. C'était pareil à l'époque de *A Girl at my Door*. Alors que j'étais une jeune réalisatrice, elle a accepté de travailler avec moi pour le scénario. Nous ne nous connaissions pas, seul le scénario comptait. Elle m'a confié qu'elle avait vraiment envie que cette histoire rencontre le public. Tout cela m'a permis de reprendre confiance en moi. Son soutien était un véritable moteur pour terminer le film. Elle a été ma meilleure alliée tout au long de la production. Elle est une actrice exquise qui sait saisir l'essence d'un projet.

또, 김시은이라는 놀라운 배우의 발견도 있습니다. 이 작품이 그녀의 두 번째 작품인 것으로 알고 있습니다. 왜 그녀를 소희 역으로 선택하게 되었나요? 그녀와 촬영 전 그리고 촬영 중에 어떻게 작업을 하셨는지 궁금합니다. 또, 다른 배우들과 어떻게 작업하시는지도 궁금합니다.

Il y également une révélation, Kim Si-eun, dont c'est le 2ème film. Dans quelles circonstances votre choix s'est porté sur elle. Comment avez-vous travaillé avec elle, en amont du film et pendant le tournage ? Et plus largement, avec vos comédiens et comédiennes.

어리고 당차고 개성 있는 평범한 여고생으로서 소희를 그렸습니다. 그랬던 아이가 일을 시작하면서 어떻게 변해가는가 하는 것도 중요했습니다. 빛을 잃어가던 아이가 마지막에 보는 빛줄기는 그녀에게 무엇이었을까. 반가웠을까, 상실감을 더 느끼게 했을까. 나 자신도 소희에 대한 궁금함과 최대한 가까이 가고 싶은 마음으로 다가갔습니다. 기존의 한국 영화에서 본 적이 없는 참신한 얼굴로 소희를 찾았고, 당연히 엄청난 수의 오디션을 볼 각오가 단단히 되어있었습니다. 본격적인 캐스팅 작업에 들어가기 직전, 우리 조감독이 이전에 참여했던 작품의 배우가 있는데 미팅 한번 했으면 좋겠다고 제안했습니다.

전혀 알지 못하는 신인배우였고 이전에 출연한 작품은
대개 TV 드라마의 단역이었습니다. 몇몇 영상을 찾아보니
말하는 모습이나 웃는 모습이 지극히 평범하면서도 개구져
보였습니다. 일단 한번 만나보자고 했습니다. 그렇게 처음
만났고 의례히 시나리오 어떻게 봤냐고 물었더니 "소희가 꼭
세상에 나왔으면 좋겠어요"라고 대답했습니다. 순간 말문이
막혔습니다. 아주 평범해 보이는 이 대답은 이미 많은 걸
말해주고 있기 때문입니다. 엄청나게 객관화하여 이야기를
바라보고 있다는 것. 영화의 본질이 소희라는 아이의 죽음에
관해 고찰하고 있음을 간파하고 있다는 것. 어떻게 하면 내가
이 배역을 맡고 그렇게 된다면 어떻게 잘 해낼 수 있을까를
먼저 고민하는 것이 아니라, 소희가 영화로 살아남아 관객들을
만나면 좋겠다는 바람이 차분하게 그녀를 압도하고 있다는 것을
알 수 있었습니다. 비범하다고 느꼈어요. 그리고 자연스럽게
이어진 대화들로 확신을 갖게 되었습니다. 그렇게 처음 만난
날 소희를 캐스팅하였습니다. 어쩌면 그날, 내가 찾던 소희를
만났다기보다는 김시은이라는 배우가 그 자리에서 나에게
소희를 보여준 것 같습니다.

배두나 배우와 마찬가지로 김시은 배우와도 이것저것
잔뜩 주문한 것은 없습니다. 기본적으로 시나리오를 훌륭하게
파악하고 있었고 소희가 겪는 감정들을 완전히 이해하고
있었어요. 하지만 그것을 표현하는 것은 다른 차원의 일이긴
합니다. 세밀한 표현들에 있어서는 완급이 필요하니 이런
기술적인 것들을 만들어 나가는 데 많은 시간이 소요될지라도
잘 소통하며 만들어갈 각오를 단단히 하고 있었습니다. 그런데
김시은 배우는 이러한 완급조절까지 아주 수준급이었어요.
이제 막 연기를 시작한 친구라고는 전혀 느낄 수 없을 만큼 전체
속에서 지금 자신과 장면의 위치를 본능적으로 알고 있다는
느낌이 들었습니다. 역시 첫날 만났을 때 느꼈던 그 비범함이

정확했어요.

　　본격적인 촬영에 들어가기 전에 최대한 철저히 준비를
했습니다. 전체 분량의 콘티를 완성하였고 거의 모든 로케이션도
정해 놓았습니다. 당연히 생기기 마련인 변수에도 곧바로
대처할 수 있는 여지가 있는 정도로 최선을 다해 준비했습니다.
이 모든 것은 연출자로서 현장에서 여유를 갖고 맨눈으로 지금
촬영하고 있는 장면을 마주하기 위해서였습니다. 첫 영화를
찍을 때 하루하루 마치 숙제하듯이 찍어갔던 것을 고백합니다.
영화를 만들어 간다는 기쁨보다는 기계적으로 남은 분량을
계산하고 탈진한 채로 하루하루를 마감한 고통이 더 컸습니다.
이번에는 절대 그렇게 하지 말아야 한다고 다짐했습니다.
무엇보다 촬영장에서 실시간으로 카메라에 담기는 마법의
순간을 놓치면 안 되기 때문이었습니다. 그렇게 빡세게 준비한
후, 현장에서는 최대한 여유를 갖고 배우들이 씬 전체를
호흡하며 연기할 수 있도록 우선했습니다. 정해진 컷에서 끝내지
않고 배우의 호흡과 감정에 따라 씬 전체를 한 호흡으로 찍는
경우가 많았습니다. 촬영 조명팀 등 모든 스텝들은 이렇게
예기치 않게 길게 찍는 상황에 대비가 되어있었습니다. 그렇게
곳곳에서 마법의 순간들이 생겼고 고스란히 영화에 담겼습니다.

　　Sohee est une lycéenne ordinaire avec un caractère
bien trempé. C'était important pour moi de montrer aussi
comment elle change au cours du temps, à cause du travail.
Que signifiait ce petit rayon de soleil pour elle qui se
délabrait intérieurement ? Un petit réconfort ? Ou bien,
cela lui faisait ressentir encore plus la frustration ?
Je me suis approchée de Sohee avec beaucoup de précaution.
Pour ce rôle, je cherchais un nouveau visage, jamais vu
auparavant dans le cinéma coréen. Je m'étais préparée
à passer un grand nombre d'auditions. Mais juste avant
de commencer, mon assistant-réalisateur m'a parlé d'une

actrice peu connue, qui avait joué principalement des seconds rôles dans les séries télés. J'ai donc regardé quelques vidéos d'elle. Je trouvais que son sourire et sa façon de parler n'avaient rien d'extraordinaire, mais elle avait un côté espiègle qui m'a plu. J'ai décidé de la rencontrer. Lors de notre entretien, je lui ai demandé ce qu'elle pensait du scénario. Elle m'a répondu : « *J'ai vraiment envie que Sohee ait une place dans ce monde* ». Je suis restée sans voix pendant un moment. Car, cette réponse impliquait beaucoup de choses. Qu'elle a un regard objectif par rapport à l'histoire. Qu'elle a compris que l'essence du film est la mort tragique d'un enfant. Et qu'elle ne se souciait pas tant d'obtenir le rôle, et de savoir, si elle y parvient, comment faire son travail, mais de voir Sohee exister dans le cœur du public. Sur le coup, je l'ai trouvée extraordinaire. Puis, la suite de la conversation m'a permis de prendre une décision ce jour-là. C'est comme ça que je l'ai choisie dès la première rencontre. Peut-être que ce n'est pas moi qui ai rencontré Sohee, mais que c'est plutôt l'actrice Kim Si-eun qui me l'a révélé. Tout comme pour Bae Doona, je ne lui ai pas demandé grand-chose sur le tournage. Elle avait très bien compris le scénario, ainsi que les sentiments que Sohee éprouvait. Mais comme elle débutait, je pensais devoir passer beaucoup de temps pour ajuster sa respiration et son ton pour les expressions fines. Elle s'est finalement très bien débrouillée toute seule. C'était presque difficile à croire qu'elle venait de débuter sa carrière d'actrice. Elle captait presque instinctivement où elle se situait par rapport à la caméra, à l'avancé du scénario. Comme je l'ai vue dès notre première rencontre, elle est quelqu'un d'extraordinaire.

Avant de commencer le tournage, je me suis préparée minutieusement. Nous avons réalisé un storyboard, terminé quasiment tous les repérages, et mis en place les moyens de faire face aux imprévus. Tout ça, c'était pour avoir l'esprit léger au moment du tournage, pouvoir regarder la scène en étant à 100% dans mon rôle de réalisatrice. Quand je tournais mon premier long-métrage, je terminais chaque journée comme une bonne élève qui a fait ses devoirs. Au lieu de jouir du plaisir de faire un film, je calculais machinalement ce qui me restait à faire. Pour mon deuxième film, je m'étais jurée de ne jamais refaire les choses comme ça. Car, je ne voulais surtout pas manquer les moments magiques capturés par la caméra en temps réel. Grâce au travail accompli en amont, j'ai donc pu me concentrer pleinement sur le jeu des acteurs, en faisant en sorte que tout le monde soit à l'aise et qu'ils puissent s'immerger dans les scènes. De nombreuses fois, j'ai même laissé tourner, au lieu de couper comme il était prévu, en me laissant guidée par la respiration et l'émotion portées par les acteurs. L'équipe technique s'était préparée à ça. Et c'est ainsi que nous avons réussi à capturer des moments extraordinaires.

김일연 촬영감독님과 작업하셨습니다. 이상근 감독의 〈엑시트〉 이후 그의 두 번째 장편 작품입니다. 김 감독님과 함께 작업하시기로 한 이유는 무엇인가요? 실내외에서 사용하신 조명에 대해서도 좀 더 설명을 해주실 수 있을까요? 기후, 기상 그리고 서사의 분위기와 연관된 다소 차가운 톤을 느낄 수 있습니다.

Vous avez confié la photo du film à Kim Il-Yeon dont c'est le deuxième long-métrage, après *Exit* (2019) de Lee Sang-geun. Quelles sont

les raisons de ce choix ? Pouvez-vous nous parler
des choix de lumière, entre intérieurs et extérieurs
? De cette tonalité un peu froide, en lien avec le
climat, météorologique, et celui de l'atmosphère
du récit.

김일연 촬영감독은 나와 한국예술종합학교 동기입니다.
2010년 졸업 이후 그는 꾸준히 다양한 장편 상업영화를
촬영하였습니다. 그중 한 편이 대흥행 성적을 기록한 이상근
감독의 〈엑시트〉이고요. 학교 다닐 때부터 나는 그와 작업하고
싶었습니다. 서로 그랬던 것 같습니다. 하지만 번번이 여건이
맞지 않아 기회를 놓쳤습니다. 〈도희야〉 때도 마찬가지였고요.
이번에도 제일 먼저 연락을 하였으나 그에게 이미 촬영이 예정된
작품이 있었습니다. 그 후 나는 다른 촬영감독님을 모셨고요.
그런데 희한하게도 그쪽 프로덕션에서 먼저 촬영이 연기되고,
이후 내 쪽에서는 부득이하게 촬영감독님이 하차하는 상황이
발생했습니다. 그렇게 우리가 함께 하게 되었습니다. 나는
김일연 촬영감독이 상업영화 데뷔 전 촬영한 단편영화들의
화면을 아주 좋아했습니다. 매우 정직하면서도 감각적입니다.
특히 핸드헬드 촬영에 동물적인 감각이 있다고 느꼈습니다.
〈다음 소희〉 구성을 1, 2부로 나누며 1부 소희를 담는 화면을
오직 핸드헬드로 해야겠다고 일찌감치 마음먹었기도 했고요. 그
누구보다 적임자라고 생각했습니다. 그와 데뷔 때부터 호흡을
맞춰온 김민재 조명감독과 팀도 함께했습니다.

촬영감독님과 주요하게 적용하고 싶었던 촬영의 컨셉은
2부로 나뉘는 이 구성을 어떻게 효과적으로 그리고 이 영화만의
스타일로 화면에 담는가 하는 것이었습니다. 이를 위해 1부는
시종 떨리는 핸드헬드 카메라워킹으로 소희를 따라가고, 2부는
최대한 정적인 픽스 카메라로 화면 안에서 움직이는 유진을
담기로 하는 큰 틀이 잡혔습니다. 한편, 소희 뒤에서 밀착하여

시작했던 카메라가 극이 진행될수록 그녀에게서 점점 멀어지고 저수지에서 정점에 달합니다. 더 이상 따르지 않고 멈춘 채 그녀의 마지막을 지켜봅니다. 그렇게 가장 멀어진 채 정지해 버린 화면으로 유진이 등장하도록 했습니다. 그리고 멀리서 유진을 담기 시작했던 카메라가 이후 그녀의 내면의 변화에 따라 점점 가까워지고 심지어는 그녀를 따르기도 합니다. 마지막 장면에 이르러서는 처음의 소희를 담았던 카메라처럼 유진에게 가장 가까워져 있습니다. 그렇게 영화 속에 단 한 번 마주쳤을 뿐인 소희와 유진이 각기 다른 시간 속에서 서로를 마주하고 있는 것 같은 영화 전체의 구성과 스타일을 완성하였습니다. 여기에 시종 모노톤의 차갑고 황량한 느낌이 나는 색조와 겨울의 빛을 표현하기 위해 노력했습니다. 영화 속에서 소희가 점점 빛을 잃어가는 과정을 최대한 화면으로도 표현하고자 했습니다. 이것이 이 영화의 감정을 가장 현실적으로 다루는 방법이라고 생각했고요. 그리하여 마침내 가맥집에서 한 줄기 빛이 소희의 발에 닿았을 때 이제까지와의 대비가 더욱 효과를 발휘하도록 했습니다. 그러면서 이어지는 저수지의 고요함이 더욱 차갑고 아픈 것이 되리라, 그렇게 차갑다 못해 얼어버린 저수지로 유진이 처음 등장하도록 했고요. 역시나 차갑고 모노톤의 화면은 소희를 다룬 1부에서보다 더 심해져 있습니다. 그러다 유진에게도 가맥집의 빛줄기가 찾아오고 거기에 남다른 정서가 함께 하길 바랐습니다. 마지막 유진의 장면에서는 이제까지 중에 가장 따뜻한 빛이 그녀를 감싸고 있고요. 모두 감정을 최대한 현실적으로 만들기 위해 고심한 설계입니다.

Le chef opérateur Kim Il-yeon était dans la même promotion que moi à l'Université Nationale des Arts de Corée. Après avoir obtenu son diplôme en 2010, il a tourné sur divers longs-métrages commerciaux. L'un d'eux est Exit de Lee Sang-geun, qui a été un gros succès. J'ai toujours

eu envie de travailler avec lui. Et je pense que c'était
mutuel. Cependant, les occasions nous manquaient. J'avais
tenté ma chance pour *A Girl at my Door*, mais en vain. Pour
Next Sohee, je l'ai contacté avant tout le monde, mais
à l'époque, il s'était déjà engagé sur un projet. J'ai
donc trouvé un autre chef opérateur. Curieusement, le
projet de Kim Il-yeon a été reporté et au même moment
le chef opérateur que j'avais embauché a dû se désister.
C'est comme ça que nous avons finalement pu travailler
ensemble sur *Next Sohee*. J'adorais les images qu'il avait
faites sur les court-métrages avant de travailler sur des
films commerciaux. Pour moi, elles sont très honnêtes et
sensuelles. J'ai senti, en particulier, qu'il avait un
instinct presque animal pour la caméra à l'épaule. Comme
je pensais diviser le film en deux parties et ne filmer la
première qu'à l'épaule, j'étais persuadée qu'il était la
bonne personne pour ça. Nous avons aussi fait appel à Kim
Min-jae, le chef électro qui travaille avec lui depuis le
début.

  Mon idée était de trouver un moyen efficace
de structurer cette partition inhabituelle du film,
tout en lui trouvant un style propre. Avec Kim Il-yeon,
nous avons établi un principe de base. Tout au long de
la première partie, on suivra Sohee caméra à l'épaule,
puis, dans la deuxième partie, on utilisera une caméra
fixe, pour capturer You-jin se déplaçant dans le cadre.
Par ailleurs, la caméra qui suit Sohee de très près au
début, s'éloignera au fur et à mesure de l'avancement
de l'histoire, jusqu'au point culminant qui est la scène
du réservoir. La caméra, au lieu de la suivre, observera
de loin ses derniers instants. C'est dans ce cadre-là
que je ferais entrer ensuite You-jin. Et cette caméra,

qui l'observera d'abord de loin, se rapprochera d'elle
progressivement pour finalement la suivre. À la fin, la
caméra se trouvera tout près d'elle, comme c'était le
cas pour Sohee au début du film. C'est comme ça que j'ai
cherché à donner l'impression que les deux protagonistes
se font face, alors qu'ils ne se sont croisés qu'une
seule fois. Aussi, j'ai essayé de garder un ton froid,
ainsi qu'une lumière hivernale très monotone et un peu
triste, tout au long du film. Je voulais traduire par
l'image ce processus de délabrement, c'est-à-dire d'un
enfant qui perd petit à petit de sa vitalité. Je pensais
que c'était la meilleure façon de montrer le sentiment du
film. Pour cela, le rayon de soleil qui touche les pieds
de Sohee dans la superette, crée un effet très important,
car il contraste fortement avec ce que l'on a vu jusqu'à
maintenant. Le silence qui suit devient encore plus lourd
et douloureux. You-jin fait son apparition dans ce plan
de réservoir. La deuxième partie du film, accentue encore
davantage ce côté monotone et froid. Mais plus tard, le
même rayon de soleil touchera You-jin. Dans la dernière
scène, elle sera même baignée dans une lumière chaude.
Tous ces éléments, nous les avons conçus minutieusement
pour rendre les émotions aussi réalistes que possible.

촬영을 시작할 수 있는 시나리오가 준비되고,
그다음 촬영, 편집의 단계를 거치면서 이전에
작업했던 내용을 변경 또는 수정하시나요? 만약
그렇다면 어떤 방법으로 진행을 하시나요?

Entre le moment où votre scénario est
prêt à être tourné, et les étapes suivantes, le
tournage, puis le montage, en quoi chaque
étape modifie ou transforme la précédente. Si
oui, de quelle manière ?

애석하게도 아직 나는 그렇게 유연한 창작자가 못됩니다.
시나리오에 이미 완성될 영화의 본모습이 그대로 담겨야 하고
1차 편집이 된 다음과 거의 유사할 정도의 스토리보드 작업을
해야 합니다. 편집을 마치고 시나리오를 다시 보면 이 모든 것을
실감하게 됩니다. 그렇다고 생길 수 있는 모든 변수를 제거하고
시작한다는 것은 아닙니다. 변하지 않는 뼈대가 다른 감독들에
비해서 현저히 촘촘한 것입니다. 나도 나름대로 그 안에서
생기는 변수들에 대처하고 심지어는 자유롭게 변형하기도
합니다. 가령 원래 구상했던 로케이션이 끝내 섭외되지 않을
경우 빠르게 이를 수정하고 섭외된 장소에 가장 적합한 설정을
고민합니다. 그리고 그 결과가 차악이 아니라 차선 혹은 의외로
더 나은 결과가 될 때의 기쁨도 있습니다.

Malheureusement, je ne suis pas aussi flexible que
ça. Pour moi, le scénario doit contenir le film fini, tel
qu'il le sera. La première version montée est à l'identique
du storyboard qui a été préparé en amont du tournage.
Quand on compare le scénario et le montage finale, on
se rend bien compte de cela. Mais cela ne veut pas dire
pour autant que j'exclus toutes les variables. Seulement,
je dirais que les colonnes qui tiennent mes films sont
beaucoup plus nombreuses et resserrées. Et puis, que je
le veuille ou non, il y a toujours des variables. Par
exemple, si on n'arrive pas à avoir l'autorisation pour
tourner dans un décor, je dois m'adapter rapidement aux
autres options disponibles. Parfois, ces changements de
dernière minute peuvent donner de meilleurs résultats.

감독님의 작품에서 직장 내에서 긴장감을 일으키는
모든 것들이 미장센, 앵글 그리고 편집으로도
전달됩니다. 또 다양한 리듬과 호흡도 있습니다.
On sent dans votre film que tout ce qui

est lié à la tension, dans le monde du travail,
est porté également par la mise en scène, les
cadres, le montage. Il y a des rythmes et des
respirations différentes.

고맙습니다. 영화를 본 한 미국 기자가 1부가 공포영화 같다는
말을 했습니다. 구체적으로는 '귀신 들린 집(Haunted house)'
류라고 하더군요. 특정 장르를 전혀 고려해 본 적은 없지만,
어쩌면 어떤 현실은 가장 충실히 재현하는 것 자체가 공포가
될 수도 있다는 생각이 들었습니다. 늘 현실적인 것을 고민하는
나의 자세가 이 영화에는 거의 강박적으로 적용되었고 전혀
타협하지 않았습니다. 많은 것들이 사실적인 요소들로 채워져
있고 전개는 느리고 건조합니다. 최대한 인위적인 감정을
덜어내려 했고 심지어는 관객분들이 늘 소희에게 어느 정도
거리를 갖고 볼 수 있도록 노력하였습니다. 그런 차원에서
음악의 사용도 최소화했습니다. 음악은 어쩔 수 없이 감정을
북돋는 기능을 하기에 이러한 작용을 최대한 피하고 싶었습니다.
있는 그대로 관객분들 안에서 스스로 일어나는 감정이 더욱
소중했고 그래야 마지막까지 영화와 함께할 수 있다고
믿었습니다. 다만 몇몇 순간에, 감독으로서 내가 소희와 유진을
위로하고 싶은 순간에만 음악을 사용하였습니다.

 Merci. Un journaliste américain a dit que mon
film faisait penser à un film d'horreur. Plus précisément,
il a mentionné le genre de film de « maison hantée
». Pourtant, je n'ai jamais pensé aller vers un genre
spécifique. Il se peut que reproduire une réalité de façon
très authentique puisse provoquer la peur. Mais c'est une
conviction à laquelle je tiens, et je l'ai appliquée de
manière presque obsessionnelle dans ce film. Les scènes
sont remplies d'éléments réalistes, et l'histoire, très
dépouillée, se déroule lentement. J'ai essayé d'éviter au

maximum les sentiments artificiels, et même de maintenir une certaine distance entre Sohee et le public. À cet effet, j'ai aussi minimisé l'utilisation de la musique, car elle provoque inévitablement des émotions. Je voulais que chaque spectateur puisse ressentir à sa manière les sentiments qui surgissent naturellement en lui, et je crois que ce n'est que comme ça qu'il peut accompagner les personnages jusqu'au bout du film. J'ai seulement utilisé de la musique sur les scènes où je voulais consoler mes personnages.

〈다음 소희〉는 부산 국제 영화제에서 상영되었습니다. 한국 관객들의 반응은 어땠나요? 이 작품은 한국에서 개봉되었나요? 프랑스가 처음으로 배급된 나라인가요?

Votre film a été montré au festival de Busan. Quelles ont été les réactions du public et de la critique en Corée du Sud ? Votre film est-il sorti en salles en Corée du Sud ? La France est-elle le premier pays où il est distribué ?

5월 칸영화제 비평가주간 상영 이후에 여러 나라에서 영화를 상영했습니다. 모두 영화에 깊이 공감해 주고 자신들의 이야기로 받아들여 주는 것을 느낄 수 있었습니다. 그런 한편 언제나 우리나라의 관객들을 만나고 싶었고 또 걱정도 됐습니다. 그리고 지난 10월 부산국제영화제를 통해 한국 관객들을 처음 만났습니다. 영화가 다루고 있는 것이 실제 사건이라는 것을 아는 분이 많은 만큼 우리나라의 관객들에게 이 영화는 더욱 무거울 수밖에 없습니다. 비유나 은유가 아닌 그냥 우리 자신의 이야기이니까요. 많은 분들이 이야기 자체에 힘들어했습니다. 그럼에도 불구하고 지지해 주셨고요. 개봉하여 더 많은 이들이 보았으면, 그리고 많은 얘기들이 오고 갔으면 하고 바라주셨습니다. 그리고 오는 2월 8일 개봉합니다.

　　고맙게도 제일 먼저 프랑스의 관객들을 극장에서 만날
수 있게 되었고요, 이 밖에도 스위스, 일본, 대만, 인도 등에
배급되어 차차 관객들을 만나게 되었습니다.

　　Après la Semaine de la Critique au Festival
de Cannes, il a été projeté dans plusieurs pays. J'ai
été très touchée en découvrant que le public étranger
compatissait profondément avec les personnages du film.
J'avais hâte de voir la réaction du public coréen, mais
en même temps j'étais un peu inquiète. En octobre dernier,
j'ai finalement pu le rencontrer dans le cadre du Festival
International du Film de Busan. Vu que les évènements
décrits se sont réellement déroulés dans le pays et que
la plupart des gens en avaient eu connaissance, le film
avait une résonnance particulière auprès du public coréen.
Car, ce n'est ni une parabole, ni une métaphore pour lui,
mais rien d'autre que la réalité. Beaucoup de gens ont eu
du mal avec l'histoire même. Mais ils m'ont soutenue et
ils souhaitaient que le film sorte en salle pour qu'on en
parle davantage. Sa sortie est prévue pour le 8 février
cette année. J'ai eu de la chance de pouvoir rencontrer
le public français d'abord, et je continuerai avec celui
de la Suisse, du Japon, de Taiwan et de l'Inde.

Propos recueillis par
Charles Tesson, janvier 2023
샤를 테송과의 인터뷰,
2023년 1월

사회 현실의 묘사와 고발을 엄격성(적확한 연기,
명료한 연출, 효과적 절제)과 더불어 거리를 두고
연결된 듯 절대 만날 수 없는 두 여인의 관계를 통해
드러나는 감정과 감동의 세계로 표현해내는 〈다음
소희〉 같은 작품을 만나는 건 드문 일이다. 이 두
세계는 긴밀하게 서로를 보충하고 구성해 나가는데,
작품은 두 주인공의 정서적인 유대감, 친밀감 그리고
공익성을 다루기에 앞서 작품이 까발리는 병들고
파괴적인 사회의 전반적 상황을 독특한 방식으로
추적해 나간다. '옮겨 닮기'. 말하자면 친밀한
결속(두 여인, 두 시간대, 단 하나의 장소)과 끊임없이
등장하는 정치적 요소 사이의 '균형 잡기'가 이
작품의 강점이자 아름다움이다. 〈다음 소희〉는
민감한 정치의식, 예민한 시적 감성에 언제나
열려 있으며, 이 작품에서 감정은(사회) 자각의
원동력으로 현실을 아름답게 밝혀낸다.

Rare de voir un film comme *Next Sohee*
qui allie l'exigence d'une réalité sociale
décrite et dénoncée avec rigueur (justesse de
l'interprétation, lucidité de la mise en scène, d'une
efficace sobriété) avec le monde des sentiments,
de l'émotion, à travers la rencontre entre
deux femmes, à distance, reliées et séparées
à jamais. Ces deux mondes se nourrissent et se
construisent en traçant un chemin singulier qui
part de l'état général d'une société devenue
malade et destructrice à laquelle le film nous
sensibilise, avant de basculer dans l'intime,
ce lien à deux, affectif et pour le bien du
collectif. Opérer ce transvasement, atteindre

cet équilibre, cette communion de l'intime (deux femmes, deux temps, un seul lieu) et du politique, jamais perdu de vue, fait la force et la beauté de ce film, toujours ouvert à la sensibilité au politique et à la poétique du sensible, l'affectif devenant le moteur de la prise de conscience, éclairant la réalité d'une si belle manière.

Critique du film de
Charles Tesson, avril 2023
샤를 테송의 영화평,
2023년 4월

- 질문. 샤를 테송

  현재 프랑스 영화 비평가 노조 부회장직을 맡고
  있는 샤를 테송은 2012년부터 2021년까지 칸
  국제 영화제 비평가 주간의 집행위원장이었다.
  80년대에는 까이에 뒤 시네마에 기고했고,
  1998년부터 2003년까지 편집장을 역임했다.
  파리 3대학 소르본 누벨의 영화 미학, 영화 역사
  교수로 학생들을 가르치면서 〈샤야지 레이〉(1992),
  〈루이스 브뉘엘〉(1995), 〈엘〉(1996), 〈B급
  영화의 포토그라피〉(1997), 〈연극과 영화〉(2007)
  그리고 〈아키라 구로자와〉(2008) 등 영화 관련
  책들과 에세이를 집필했다. 또한 그는 올리비에
  아사이야스와 함께 까이에 뒤 시네마의 〈Made in
  Hong Kong〉(1984) 특집호를 발간했다.

- 번역. 최현정

  중앙대학교 영화학과에서 연출을 전공하고
  2003년 프랑스로 유학을 떠나 파리 1대학 판테온
  소르본에서 다큐멘터리 전공으로 석·박사 학위를
  받았다. 다큐멘터리 연출작으로는 〈평범하기〉(2002),
  〈이희세, 코리안 돈키호테〉(2006), 저서로는
  〈다큐멘터리 인물의 기원과 유래〉, 〈다큐멘터리
  인물의 해방과 발전〉(2017, 프랑스 아르마탕 출판사)이
  있다. 현재 2024년 공개를 목표로 하는 다큐멘터리
  〈기억환상통〉 제작 중에 있다.

다음 소희 각본집

Next Sohee: Screenplay Book

초판 1쇄 발행
2023년 8월 25일

출판등록.
2017년 3월 30일
제406-2017-000039호

지은이.
정주리

주소.
경기도 파주시 회동길 336-17, 302호

펴낸 곳.
플레인아카이브

이메일.
cs@plainarchive.com

펴낸이.
백준오

22,000원
ISBN 979-11-90738-59-0 (03680)

편집.
장지선

디자인.
아페퍼 이희정

교정.
이보람

지원.
이한솔

로케이션 컨셉 스케치.
김소령

인터뷰 번역.
최현정

도움 주신 분.
김지연, 심희섭, 양규응, 정동호,
베네딕트 토마스(Bénédicte Thomas)